Les Dessaulles, seigneurs de Saint-Hyacinthe

Chronique maskoutaine du XIXe siècle

Sur la couverture, il y a une bien jolie vue du petit bourg de Saint-Hyacinthe : une gravure, faite d'après un dessin de Robert-Shore-Milnes Bouchette, jeune avocat, fils de Joseph Bouchette qui était alors arpenteur général du Canada. Il accompagna son père en Angleterre quand celui-ci vint à Londres, en congé sabbatique, pour préparer les livres dans lesquels Joseph Bouchette se proposait de présenter les colonies anglaises de l'Amérique du Nord.

Par la suite, R.-S.-M. Bouchette prit part au soulèvement de 1837, fut exilé aux Bermudes et revint à Québec après l'amnistie accordée par lord Durham.

De quel moment date l'œuvre de R.-S.-M. Bouchette ? Il est difficile de le dire exactement car la planche dont on a tiré la photographie se trouve dans l'édition de 1832 de *British Dominions & North America* parue à Londres. La gravure est signée *Day and Hague, lithographer to the King*.

La maquette de la couverture est de François de Villemure.
Photo Armour Landry.

GÉRARD PARIZEAU
de la Société Royale du Canada

Les Dessaulles,
seigneurs de Saint-Hyacinthe

Chronique maskoutaine du XIXe siècle

FIDES
235 est, boulevard Dorchester, Montréal

*Cet ouvrage a bénéficié d'une subvention
du ministère des Affaires culturelles du Québec
au titre de l'aide à la publication.*

FC
2949
.S2385
P35
1976

ISBN : 7755-0615-X

Numéro de la fiche de catalogue
de la Centrale des bibliothèques — CB : 76-7417

Avant-propos

Cette étude sur les seigneurs de Saint-Hyacinthe n'est pas aussi logiquement bâtie qu'elle aurait pu l'être ; je l'admets en toute simplicité. Je l'ai commencée à Nice, un jour que je me sentais poussé par un grand besoin d'écrire, comme la femme accouche quand l'heure est venue. Parfois, l'enfant est maigrelet, souffreteux, parfois il est magnifique comme un fruit mûr. Le mien est ce qu'il est ; écrit sans plan bien arrêté, en ne retenant que ce que j'aimais dans ces personnages d'autrefois, qui ont vécu leur vie au milieu de bien des bouleversements et bien des inquiétudes. Dans une étude sur Georges Clemenceau, Léon Daudet fait dire à un de ses personnages : « (Allard) craint toujours de n'avoir pas assez de références. Ah ! ces historiens ! Ils meurent des notes, des gloses, des rajouts ». À mon texte original écrit à Cimiez, que de rajouts ont été insérés ici et là, que de retours en arrière, que de petits détails ajoutés au gré de mes lectures et de mes réflexions sur Jean Dessaulles et, surtout, sur Marie-Rosalie Dessaulles, sa femme et sur leur fils, Louis-Antoine. Dans la voiture qui nous transportait de l'aéroport de Nice à l'hôtel, ma femme crut bon d'avertir nos hôtes que j'avais insisté pour qu'une vieille amie m'accompagnât. Ils furent rassurés quand ils apprirent qu'elle était décédée en 1857 et que je n'avais d'elle ni ossements ni cendres contenues dans une urne d'albâtre précieux, mais des lettres. Si je mentionne ce détail ici, c'est pour montrer dans quel esprit j'ai abordé en particulier l'histoire de Marie-Rosalie Dessaulles, seigneuresse de Saint-Hyacinthe, devenue mon amie grâce à ses lettres conservées par l'État-archiviste, dans un grand immeuble bien laid, il est vrai, mais donnant sur les plaines d'Abraham, haut lieu du Canada français.

J'ai eu quelque difficulté à pénétrer dans l'intimité de Marie-Rosalie Dessaulles, car ses lettres ne sont pas faciles à lire tant son écriture est sinon illisible, du moins rébarbative ; mais plus j'allais dans sa correspondance, plus je trouvais charmants ces récits d'une femme intelligente, aimable, bonne, qui me permettaient de connaître sa vie de tous les jours. Ce n'est pas un cambriolage de l'âme comme celui auquel se livraient certains confesseurs d'autrefois, mais un commerce agréable qui s'est établi ainsi entre l'auteur et celle qui, dans l'isolement de la Petite-Nation ou de sa seigneurie de Saint-Hyacinthe, mandait à Pierrette Viger, sa cousine, à Angèle Papineau, sa belle-sœur avec qui elle avait été élevée à l'orée de la forêt de Monte-Bello, et à son frère Louis-Joseph — contestataire impénitent mais qu'elle aime bien — ce qu'elle a vu, fait ou espéré à travers une soixantaine d'années. Lorsqu'elle s'ennuie un peu à la Petite-Nation, elle demande à ses correspondantes des nouvelles, d'autres nouvelles, toutes les nouvelles... car, si elle est confite en dévotion et bonnes œuvres au fur et à mesure que les années passent, elle a une grande curiosité qui fait son charme de jeune femme d'abord, puis de vieille dame.

Et c'est ainsi que, de lettres en lettres, d'événements en événements, j'ai cherché à recréer l'atmosphère, les problèmes et les joies d'une famille de seigneurs, habitant et mourant à Saint-Hyacinthe ; sauf le dernier qui s'éteignit vers la fin du siècle dernier à Paris, où on l'avait recueilli à la suite de la pénible aventure que fut sa vie d'homme et d'écrivain.

Dans l'intervalle, ce bourg où vécurent les Dessaulles est devenu une petite ville active et jolie sous ses grands arbres.

Il me reste à souhaiter que, malgré ces retours en arrière — *flashback*, disent les cinéastes — et ses insuffisances, cette étude plaira au lecteur. Il y trouvera une chronique dont les personnages et les détails sont présentés comme l'auteur les a vus ou, tout au moins, comme il a cru les voir. Il est des choses qu'on n'aperçoit pas toujours avec précision, mais que l'on sent ou que l'on pressent. Généralement, on accorde cette prescience aux femmes plus qu'aux hommes. Je l'invoque avec mes personnages. Le lecteur jugera si c'est à tort.

CHAPITRE PREMIER

Jean Dessaulles,
quatrième seigneur de Saint-Hyacinthe
(1766-1835)

Jean Dessaulles

Il était calme,
simple, serein.

Il y a bien longtemps, en 1748, le roi de France accorde au chevalier François-Pierre Rigaud de Vaudreuil, une des grandes seigneuries de la région de Montréal. Rigaud de Vaudreuil est un personnage assez haut en couleur. Frère cadet du marquis et officier de Sa Majesté, il prend part à certaines expéditions contre les colonies du Sud, dont le succès explique partiellement pourquoi les habitants de la Nouvelle-Angleterre décident un jour d'en finir avec ces gens du Nord, qui viennent détruire leurs établissements frontaliers avec l'aide des Indiens, en ramenant avec eux des prisonniers et des scalps enlevés à d'estimables sujets de George II, roi d'Angleterre et de ses colonies d'Amérique.

Influent auprès de l'Administration, Rigaud de Vaudreuil se fait accorder la seigneurie de Maska, mais sans s'intéresser suffisamment aux règles du régime seigneurial pour les appliquer. Il avait bien d'autres chats à fouetter, avec ses occupations militaires et sa charge de gouverneur de Trois-Rivières, où il avait succédé au chevalier Bégon. Après la conquête, il vint en France avec son frère, le marquis de Vaudreuil-Cavagnial, dernier gouverneur de la Nouvelle-France à qui on demandait des comptes sur son administration.

Dans l'intervalle, il ne s'était guère préoccupé de sa seigneurie, sans valeur immédiate pour un seigneur qui

administrait fort bien plaies et bosses aux ennemis sécu-
laires de la Colonie, mais que n'intéressaient point les
problèmes de ses censitaires. On décida donc de remettre à d'autres le soin de développer le domaine. Et
c'est ainsi que le 25 octobre 1753, on consigne au Registre,
sans aucun respect pour le noble cédant, que P.F. Rigaud,
Écuier, a cédé à J. Hyacinthe-Simon de l'Orme, la terre
et concession, en fiefs et seigneurie de Maska [1].

La seigneurie sera connue sous le nom de Saint-
Hyacinthe, à partir du moment où elle écherra à Messire
Hyacinthe-Marie de l'Orme, à la mort de son père. Dans
un petit square de la ville, un monument de bronze, sur
un socle de pierre, rappelle l'existence du deuxième seigneur, considéré comme le fondateur de la ville. C'est
ainsi que d'un prénom rappelant un pieux dominicain
canonisé au XVIe siècle, on fit un nom et qu'une seigneurie immense, mais obscure, se transforma en un bourg,
puis en une petite ville active et, l'été, fort jolie, où des
arbres splendides font oublier certaines laideurs. Une
rivière la traverse ; elle fut violente comme un torrent,
tant qu'on ne l'eût matée à l'aide d'un barrage qui en
contint assez bien les débordements, comme Petrucchio
vint à bout de la mégère apprivoisée, si l'on en croit
Shakespeare.

Au début du XIXe siècle, la seigneurie originale fut
tronçonnée : trois huitièmes revenant à Pierre-Dominique Debartzch [2], Allemand venu de Hambourg qui avait
épousé la fille de Hyacinthe-Simon de l'Orme. Au décès
de son père, Pierre II hérita de ces trois huitièmes qu'il
agrandit vers 1826 en achetant la seigneurie de Saint-
François-le-Neuf. Il vint alors demeurer à Saint-Charles-
sur-Richelieu. Rapidement, il se brouilla avec son cousin,
devenu Delorme, en vertu d'un processus fréquent dans
un milieu où le curé se fait souvent l'instrument de la
transformation patronymique. Dans le cours ordinaire

des choses, Pierre Debartzch aurait hérité du reste du domaine, car le seigneur Delorme n'avait pas d'enfant. Se sentant bien mal en point, il invita son parent à venir le voir ; mais celui-ci ne voulut pas y consentir, en s'arc-boutant à une dispute de parentelle, aussi tenace souvent qu'une querelle de voisins. Aussi, le seigneur Delorme décida-t-il de faire de Jean Dessaulles son héritier [3]. Celui-ci était un laboureur [4] des environs, ainsi qu'on le décrit dans un acte officiel. Il s'était occupé de l'administration de la seigneurie avant que son cousin ne meure à l'âge de trente ans. Grâce à une brouille et à la hargne de l'un, Jean Dessaulles devint l'héritier d'un domaine qui mesu-rait six lieues de front et six de profondeur, dont trois de chaque côté de la rivière Yamaska ou rivière aux joncs. Il englobait ce qui, plus tard, sera la ville de Saint-Hyacinthe, le bourg ou le village de Saint-Pie de Bagot, celui de Saint-Damase et ce qui deviendra la municipalité de la Présentation. Pour l'instant, Saint-Hyacinthe est aussi connu sous le nom de Maska [5], à l'origine, sans doute, du nom de maskoutain que l'on donnera aux habitants du lieu : mot curieux autant par sa consonance que par son origine indienne et l'usage qu'on en a fait.

Qui est ce Jean Dessaulles [6], devenu du jour au lendemain seigneur d'un des domaines les plus vastes des environs de Montréal? Il est le fils d'un Suisse de Neuchâ-tel venu s'installer à Saint-François-du-Lac, après avoir épousé une Canadienne du nom de Marguerite Crevier, belle-sœur de madame Hyacinthe-Simon de l'Orme. Les Crevier étaient une famille rurale ayant joui d'un cer-tain prestige puisque, parmi les ancêtres, il y avait eu François, enseigne du Roi dont la commission est signée Duquesne. Il devint par la suite, dit-on, amiral du Saint-Laurent par la grâce de Louis XIV ; ce qui pourrait tenir de la légende, selon certain historien peu disposé à pren-dre des vessies pour des lanternes.

Le père de Jean Dessaulles, comme sa femme, mourut à la fleur de l'âge. Après avoir été élevé par sa tante à Maska, Jean Dessaulles s'était installé sur une terre jouxtant la seigneurie de son cousin ; d'où ce titre de laboureur qu'on lui accorde lors de son premier mariage. Avant le gouvernement de sir James Craig, en 1803, il avait été juge de paix ; mais celui-ci le cassa avec cette brutalité qu'il avait dans ses rapports avec les nouveaux sujets du roi, qu'ils fussent évêque, députés ou magistrats chargés d'administrer la justice. Dessaulles est aussi officier de milice et, à ce titre, il prend part à la guerre contre les Américains, en 1812. Promu major-commandant, il conduit aux frontières le bataillon de Saint-Hyacinthe, en l'absence de son parent retenu au manoir par une maladie qui l'emportera deux ans plus tard [7].

Jean Dessaulles avait rendu quelques services à son cousin. Ce fut l'origine des relations d'amitié qui les lièrent, au point de justifier l'héritage en 1814.

Le domaine était presque en friche. Il se développa plus tard avec l'essor de la population que note Joseph Bouchette dans son *Topographical Dictionary of the Province of Lower Canada*, paru à Londres en 1832. À ce moment-là, dans les bornes de la seigneurie, il y a cinq paroisses :

	Nombre d'âmes
Saint-Hyacinthe	7,939
Saint-Césaire	1,894
Saint-Damase	1,818
La Présentation	1,824
	13,475

Pour la cinquième, Saint-Pie de Bagot, Bouchette, tout en la mentionnant, ne donne pas le nombre d'âmes ou de feux.

Par la suite, la population se multiplia grâce à la prodigieuse natalité de gens accrochés à leur terre. Ils obéissent à la parole du Christ : « Croissez et multipliez-vous », que leur pasteur répète sans trêve ni merci, du haut de la chaire ou derrière la grille du confessionnal.

Tout de suite, Jean Dessaulles prend son héritage en main. Il vit avec ses gens, les aide de ses conseils, fait quelques dons de terrain qui vont aider à l'essor du bourg. Ami de son curé, messire Girouard, il s'intéresse à la fondation du collège que celui-ci veut créer dès 1811. Il n'est pas très instruit, même s'il a passé quelques années au collège Saint-Raphaël que les Sulpiciens ont à Montréal, mais il pressent ce que représentera un collège pour la région et la fonction que celui-ci remplira non seulement pour la formation d'un clergé insuffisant en nombre et en qualité à l'époque[8], mais d'une élite laïque[9].

La carrière de Jean Dessaulles vaut la peine d'être contée[10], même si elle n'a pas l'éclat de celle de Pierre Bédard, d'Étienne Parent, de Louis-Joseph Papineau, de La Fontaine ou d'autres vedettes de la politique canadienne.

Seigneur de Saint-Hyacinthe, Dessaulles représente bientôt ses gens à l'Assemblée législative du Bas-Canada[11]. Il est député du comté de Richelieu en 1817 puis, en 1829, du comté de Saint-Hyacinthe. Il remplit sa fonction consciencieusement, mais sans prestige particulier parce qu'il n'a ni les dons, ni les goûts de l'orateur. À l'encontre de certains de ses collègues, il est fidèle aux rendez-vous de la Chambre à chaque session, même s'il trouve que le temps passe bien lentement dans la bonne ville de Québec. Ainsi, un jour qu'il s'ennuie, il se plaint à sa femme de la longueur des séances des comités et de la Chambre. Pendant des mois, elles durent de neuf heures du matin jusqu'au soir, dit-il[12] ; les jours en particulier où la bataille est dure contre le gouverneur et ses amis, même si l'atmosphère est moins tendue que sous sir James Craig, qui avait la lettre de cachet facile.

Souvent, Jean Dessaulles vote en faveur de résolutions ou prend des attitudes qui ennuient ou exaspèrent le gouverneur, les membres du Conseil exécutif et ceux du Conseil législatif, où le gouvernement a ses partisans. Ainsi, en 1822, un groupe puissant demande au gouvernement anglais de fondre en une seule colonie le Haut et le Bas-Canada. En presque totalité, les francophones du Bas-Canada s'y opposent, avec l'appui unanime du clergé. Des comités de protestation se forment un peu partout. Jean Dessaulles préside celui du comté de Richelieu ; ce qui est un autre exemple de sa fidélité à ses gens. Cependant, il n'est pas toujours favorable aux arguments violents et aux projets de son beau-frère, Louis-Joseph Papineau. Grâce à son influence, un calme relatif règne dans sa seigneurie, sauf parmi certains professeurs du Collège, qui prêtent l'oreille aux propos du tribun et parmi certains élèves qui, avec la fougue de leur âge, ne demandent qu'à s'enflammer. Même s'il appuie la politique menée en Chambre par son beau-frère, le seigneur-député reste calme. Aussi lorsqu'il songe à élargir les cadres du Conseil législatif, lord Aylmer lui offre-t-il de faire partie de la Chambre haute [13]. Cela donne lieu à un échange de lettres qui méritent d'être citées ici. Le 9 novembre 1831, lord Aylmer lui écrit :

> His Majesty's Government having it in contemplation to augment the numbers of the Legislative Council, and the secretary of state for the Colonies having with that view directed me to submit for His Majesty's approval the names of such gentlemen as may be considered by me to be eligible from their station in the Province, and general respectability for the honorable appointment of Legislative Counsellor, I conceive that I cannot better obey the command I have received on this occasion than by pointing out to the notice

of His Majesty's Government a gentleman who like your-
self possesses the requisite qualifications in an eminent de-
gree. I expect, therefore that you will do me the favor to
inform me whether the appointment of Legislative Coun-
sellor would be acceptable to you, and I have only to add
that an answer from you in the affirmative would afford
me infinite gratification.

L'invitation est flatteuse pour le député car, à la
Chambre haute, il siégera avec certains des hommes les
plus en vue de la colonie [14]. L'intention de Lord Aylmer
est évidente. Il veut essayer non de museler la Chambre
des députés, mais de donner au groupe dominant des
gages de bonne volonté, en faisant entrer des éléments
modérateurs au Conseil législatif. À peu près vers le
même moment, Étienne Parent se rapprochera du gouverneur lord Gosford. Devant ces manifestations de bonne volonté, dans le Canadien, il demande aux francophones d'en tenir compte [15]. C'est dans ce contexte que
Jean Dessaulles n'hésite pas à accepter l'offre qui lui est
faite ; mais il y met comme condition de pouvoir voter
comme il l'entendra si jamais la question de la composition
et de la nomination des membres du Conseil législatif est
soumise au conseil. Le texte est intéressant, d'abord parce
que Jean Dessaulles ose écrire au représentant de la Reine
dans une langue qui tout en s'imposant avec les années,
n'a aucun caractère officiel, puis parce qu'il met une
condition à son acceptation.

Milord, écrit-il : Je vous remercie respectueusement des
sentiments de confiance dont il vous plaît de m'honorer en
m'offrant la charge de conseiller législatif. Je regrette de
n'être pas sous tous les rapports aussi bien qualifié comme
vous le voulez bien dire ; mais du moins mes intérêts sont
étroitement liés à ceux de mon pays, et mon dévouement à
son bien-être lui est assuré.

J'ai voté en Chambre, Milord, que l'acte en vertu duquel est constitué le Conseil législatif était fautif, dans sa dis-

position relative à ce corps. Je suis toujours du même avis. Aussi longtemps néanmoins que cette disposition sera en force, je conçois qu'il vaut mieux que des hommes amis de la Chambre d'assemblée entrent au conseil pour effectuer un rapprochement désirable entre les deux corps, que de les voir sans cesse en lutte et en opposition. Me réservant la liberté, en chambre ou dans le conseil, si la question y est traitée de nouveau de voter comme je l'ai fait ci-devant, j'accepterai l'offre que me fait votre excellence, si après cet exposé de mes sentiments vous jugez à propos de me la continuer.

Le jour même, 19 décembre 1831, avec beaucoup d'élégance le gouverneur lui répond dans la même langue — ce qui est presque impensable à l'époque et ce qui montre jusqu'où lord Aylmer était prêt à aller. Il accepte la condition posée par le député Dessaulles, qui est resté ferme.

En 1832, par la volonté de lord Aylmer, gouverneur de la colonie du Bas-Canada et interprète de la Reine, Jean Dessaulles devient l'honorable Jean Dessaulles en entrant au Conseil législatif. « Given at the Court of St. James, the seventh day of January in the second year of our Reign », note le document officiel qui confirme la nomination (Archives fédérales C.R.G., P. 1, Vol. 356).

La fermeté de caractère et la dignité du seigneur de Saint-Hyacinthe me paraissent établies. Assez curieusement, un ancien professeur du collège de St-Hyacinthe a écrit à propos de son absence de manières avant son mariage : « Pour être né d'un marchand, Jean Dessaulles avait été laboureur et il avait sans doute pris le ton des gens de sa condition ; sa nouvelle femme lui fit prendre des allures plus polies et plus élégantes ». J'hésite à partager cette opinion. Il n'y a pas ici à se demander s'il avait ou non de belles manières au moment de son mariage. Il avait probablement celles d'un hobereau de campagne, comme les seigneurs qui, au début du siècle, venaient rendre hommage au gouverneur de la colonie le premier de l'An, l'épée au côté, souvent loqueteux, mais gardant une grande dignité de maintien. Ils étaient reçus dans ce Château St-Louis, d'où lord Aylmer venait d'offrir à Jean Dessaulles d'entrer à la Chambre haute.

Voici comment Philippe Aubert de Gaspé raconte, dans *les Anciens Canadiens*, la scène qui se passait chaque année au Château, quand les seigneurs venaient présenter leur foy et hommage au gouverneur à l'occasion de la nouvelle année : « Ni la distance, ni les rigueurs de la saison n'empêchaient les anciens Canadiens qui avaient leurs entrées au Château Saint-Louis, à Québec, de s'acquitter de ce devoir : les plus pauvres gentilshommes s'imposaient même des privations pour paraître décemment à cette solennité. Il est vrai de dire que plusieurs de ces hommes, ruinés par la conquête, et vivant à la campagne sur des terres qu'ils cultivaient souvent de leurs mains, avaient une mine assez hétéroclite en se présentant au Château, ceints de leur épée qu'exigeait l'étiquette d'alors. Les mauvais plaisants leur donnaient le sobriquet « d'épétiers » ; ce qui n'empêchait pas lord Dorchester, pendant tout le temps qu'il fut gouverneur de cette colonie, d'avoir les mêmes égards pour ces pauvres « épétiers » dont il avait éprouvé la valeur sur les champs de bataille, que pour d'autres plus favorisés de la fortune. Cet excellent homme était souvent attendri jusqu'aux larmes à la vue de tant d'infortune » [16].

Jean Dessaulles n'avait ni la taille, ni le panache, ni les dons d'orateur de son beau-frère Louis-Joseph Papineau, de plus, son instruction était relativement limitée, puisqu'il semble ne s'être rendu qu'en syntaxe au collège Saint-Raphaël. À distance, on l'imagine simple, pondéré et, aussi, comme un homme que les écarts de langage de son beau-frère devaient un peu agacer, sinon effrayer.

Ami de son curé, messire Girouard, il se préoccupe du bien de sa paroisse et de sa seigneurie, ainsi qu'on l'a vu. Durant certains soirs d'automne ou d'hiver, soit au presbytère, soit au manoir, on les voit très bien, tous deux, discutant longuement le projet que nourrit le curé Girouard, dynamique et tenace. Il veut fonder à Saint-Hyacinthe ce qu'on appellera plus tard un collège classique. Jean Dessaulles comprend vite l'importance, pour le petit bourg de quatre-vingt-dix maisons en 1815, et pour la jeunesse des environs, d'avoir une maison d'enseignement secondaire.

*　*　*

Messire Antoine Girouard avait une personnalité dont il faut dire un mot avant d'aller plus loin dans cette chronique consacrée à Saint-Hyacinthe et à quelques-uns de ceux qui ont participé à son histoire ; même si l'on s'éloigne un peu du seigneur de Saint-Hyacinthe : curé et seigneur tendant à un même objet, l'essor du lieu tant au point de vue religieux qu'économique.

Un jour de 1805, l'évêque de Québec, monseigneur Denaut, avait nommé à la cure de Saint-Hyacinthe l'abbé Antoine Girouard. Comme le note le père J.-Antoine Plourde dans *Le Rosaire* de septembre 1968, et dans *Dominicains au Canada* (Vol. I. Aux Éditions du Lévrier), l'abbé quitte Pointe-aux-Trembles pour venir dans cette paroisse où presque tout est à faire. Avant lui, Guillaume Durouvray avait été le premier pasteur résidant de 1783 à 1796. Auparavant, il y avait eu Messire François Noiseux, curé de Belœil, venu pour la première fois en mission vers 1777, tout en gardant sa paroisse voisine. C'est lui qui a ouvert les premiers registres, béni les « fosses de onze personnes déjà ensevelies » dans le cimetière de Cascade, mais sans les pompes ordinaires. Il avait béni aussi les premiers mariages. Mais Saint-Hyacinthe restait une mission, avec une chapelle en bois qu'il avait fallu rebâtir sous le desservant suivant Joseph Duchouquet, lequel dirigea la paroisse de 1796 à 1798. À celui-ci avait succédé Pierre Picard qui occupa la cure de 1798 à 1805. C'est lui qui avait fait décorer par Louis Quevillon la nouvelle église construite sous son prédécesseur Duchouquet, mais non encore terminée.

J'ai besoin d'un homme capable, avait écrit Mgr Denaut à Messire Antoine Girouard. Celui-ci montra de remarquables qualités d'animateur pendant la durée de son mandat, de 1805 à 1832. Il s'attaqua d'abord au démembrement de la paroisse où les moyens de communication étaient à peu près nuls. Dès 1809, il se préoccupa aussi de l'instruction de ses ouailles ; ils en avaient un besoin pressant, puisque dans la requête pour la construction du presbytère, en 1807, il y avait dix signatures et cent trente-six croix qui accompagnaient les noms.

Avant de construire son collège, le curé loge vingt élèves dans la sacristie. Puis, devant l'opposition de l'évêque, il les transporte au presbytère et il achète la maison Picard élevée par son prédécesseur, le curé Pierre Picard. C'est là qu'en 1816 viendront s'installer les sœurs de la Congrégation Notre-Dame pour former les filles des environs. En sept ans, grâce à une énergie sans borne, messire Girouard avait mis sur pied une *école de grammaire*, un couvent et un collège, sans avoir recours à l'Institution royale, qui avait des fonds et une certaine bonne volonté, mais dont le curé et son évêque craignaient, à tort ou à raison, l'influence protestantisante.

Une peinture, attribuée à Louis Dulongpré, représente le curé Girouard : gros, costaud, tête carrée, tenace, têtu peut-être, mais ayant l'air énergique et décidé des bâtisseurs. Il porte le rabat à la française que, plus tard, Mgr Ignace Bourget supprimera pour le remplacer par le collet romain : symbole d'une autorité différente. Intervenant davantage dans la tenue de son clergé, il lui enlèvera aussi le camail et le bonnet carré : vieille tradition vestimentaire, qui tenait au chaud dans les églises peu ou mal chauffées.

Bien sûr, curé et seigneur ne peuvent imaginer qu'un jour leur collège sera au centre d'une grande querelle idéologique, celle de la philosophie mennaisienne, apportée pieusement d'Europe par Mgr Lartigue, transmise à son secrétaire l'abbé Prince, devenu directeur du Séminaire de Saint-Hyacinthe par la suite, puis recueillie et développée par un jeune abbé enthousiaste et fougueux, Joseph-Sabin Raymond. Soudain, une bombe éclate dans ce milieu où l'on en était rendu — ô horreur ! — à prôner la liberté de conscience et surtout la liberté de l'enseignement : deux formes du libéralisme craint comme le feu de l'enfer. Le Pape vient de condamner les *Paroles d'un croyant* de Lamennais. Aussitôt, Mgr Lartigue, de qui le séminaire relève, tonne et ordonne [17]. Ce sera la fin de l'enseignement d'influence mennaisienne.

Cela, messire Girouard ne le peut prévoir, pas plus que le seigneur Dessaulles quand ils discutent de l'avenir du collège. Le seigneur ne peut imaginer non plus qu'un jour, son fils aîné rompra des lances avec ses maîtres, qui s'opposeront à ses idées de liberté venues trop tôt dans un milieu qui réagit violemment.

En élaborant son projet de collège, le curé a derrière la tête, le désir de former des prêtres mieux préparés et plus nombreux dans une société qui en a bien besoin, mais il veut aussi créer une élite parmi les laïques, comme on l'a vu. À Québec, Mgr Plessis n'est pas trop favorable parce qu'il craint qu'on ne nuise au Collège de Nicolet en plein essor. Certain d'avoir raison, le curé Girouard tient bon et finalement emporte l'adhésion de l'évêque qui recommande la prudence [18]. Le seigneur accorde un terrain et supprime les droits seigneuriaux sur les autres dont le curé se porte acquéreur.

Il faut voir comment à cette époque on bâtissait un collège. Le curé n'exige rien de son évêque, qui est bien peu argenté. Il a quelques fonds et il demande l'aide de ses ouailles. Et c'est ainsi que ceux-ci vont chercher au loin et transportent gratuitement la pierre avec laquelle les murs sont élevés. Puis, un groupe de Chambly s'engage à payer les frais d'inscription d'une quarantaine d'élèves. Le collège sort de terre en 1811, mais la guerre de 1812 retarde les travaux. Fort heureusement, des soldats sont stationnés dans un grand bâtiment (la maison Picard), qui abritera des nonnes plus tard et que possède le curé dans le bourg naissant ; cela lui apporte d'autres ressources pour faire avancer les travaux.

L'évêque avait suggéré un bâtiment de cent pieds par cinquante, à un étage. Le curé triche un peu ; il réduit la superficie à quatre-vingt-huit pieds par cinquante, mais il projette trois étages. Petit à petit, les travaux se poursuivent. Si le collège est prêt à être occupé en 1816, les soucis du curé-bâtisseur ne sont pas terminés. On veut le forcer à limiter l'enseignement aux premières années du cours classique à cause du collège de Nicolet. Et puis, il y a le recrutement des professeurs ; il faut les bien choisir et les mieux payer, dit l'évêque. Mais avec quoi, demande le curé ? Chose réjouissante, cependant, dès que le collège ouvre ses portes, il y a une quarantaine d'élèves, ce qui indique le besoin auquel il répondait.

Jean Dessaulles en est heureux, car il ne s'est pas contenté d'approuver le projet. Il a donné son appui quand le moment est venu d'obtenir l'aide de la Chambre et il a secondé son beau-frère de toute son influence. C'est ainsi qu'il comprend sa fonction de seigneur et de député.

Plus tard, il donnera des terrains ici pour un pont, là au collège, là encore pour l'établissement d'un marché qui est encore utilisé dans la basse-ville, sur ce plateau qui s'étale jusqu'à la Yamaska. Une requête, adressée à sir James Kempt, gouverneur en chef du Canada, confirme le don. Elle se lit partiellement ainsi : « qu'en mil huit cent vingt-sept, les syndics du Village voulant s'assurer, avant de s'adresser à la Législature, si un tel établissement pourrait se soutenir, ont obtenu de Jean Dessaulles, écuyer, seigneur du Lieu, un lopin de terre pour servir de place du marché et sur laquelle les dits habitants ont élevé, à leurs frais, un hall temporaire et par forme d'essai » (31.1.30 Archives du Canada CRG1, E16, Vol. III, part 1). Ce qui rend le lecteur un peu rêveur, c'est que si la requête mentionne 255 noms, 197 sont encore suivis d'une croix. Les *Knights of the Cross*, comme on les avait appelés assez méchamment au début du siècle, n'étaient plus aussi nombreux, mais leur nombre était encore très grand.

* * *

Ses fonctions de député donnent quelque souci à Jean Dessaulles, comme on peut l'imaginer. La session est longue ; bon an mal an, elle dure trois ou quatre mois ; sauf quand le gouverneur, impatienté ou outré, renvoie chacun dans son foyer. Comme Dessaulles est consciencieux, il reste à Québec jusqu'à la fin. Or, dans sa seigneurie, il a des problèmes avec la coupe et le transport du bois pour ses deux moulins à scie. La forêt n'est pas loin, il est vrai, mais, assez méchamment, les voisins jouent parfois avec ses billes. Il faut que tout soit prêt pour la saison prochaine quand a lieu la descente vers le moulin. Il s'en préoccupe, mais heureusement sa femme veille. Ainsi, elle lui écrit le 20 avril 1820 [19] : « J'ai envoyé aujourd'hui à la montagne pour les billots. Comme il en avait beaucoup passés aujourd'hui et les précédentes, je croyais peut-être que c'était ceux-là. Heureusement, je me suis trompée. Lalime a dit à Jean que tous les billots étaient en sûreté, qu'il n'y avait pas le moindre danger de les voir s'en aller à l'eau comme ils sont arrangés là, que le seul danger qu'ils puissent courir à présent c'est d'être déboulés par les propriétaires qui menacent de le faire. Mais comme Lalime les garde à vue jour et nuit, il est à supposer qu'ils n'oseront pas le faire ». Le seigneur-député avait quelque raison de s'inquiéter. Heureusement, encore une fois, sa femme était sur place et elle s'y entendait car, à la seigneurie de la Petite-Nation, son père et son frère avaient eu les mêmes problèmes alors que, jeune fille, elle habitait avec eux dans l'Île à Roussin, très loin de là, à l'orée de la forêt.

Si Jean Dessaulles s'inquiète de ses affaires, laissées derrière pendant les mois que dure la session, il s'ennuie de sa femme et de son fils. Dans une lettre datée du 6 mars 1819, il lui écrit : « le jeudi et le dimanche, parfois, j'envoie chercher une petite fille de 8 à 9 mois qui est bien oubliée » [20]. Il la prend dans ses bras et pendant quelques minutes, il rêve qu'il porte contre lui son « cher petit Louis ». Sentimentalisme ! Peut-être, mais normal chez un homme qui a enfin trouvé le bonheur. Il aime sa famille, lui qui s'est marié une deuxième fois à cinquante ans, après avoir perdu sa première femme et ses enfants, décédés en bas âge. Il y a là un sentiment qui nous le rend sympathique. Il indique aussi quelle détermination il faut à ces députés qui, pendant des mois, vont à Québec défendre les intérêts de leurs électeurs sans aucune rémunération, à une époque où les communications, lentes et bien difficiles, ne permettent pas le retour au foyer hebdomadairement ou, à tout le moins, une fois par mois. Ainsi, dans la lettre du 20 avril 1820, dont il a déjà été question, sa femme lui écrit : « Je suis effrayée de voir que tu voudrais entreprendre de revenir dans cette saison ; comment sont donc les glaces par en bas ; au moins attends qu'il n'y en ait plus du tout d'ici à Québec ». Comme elle a vécu longtemps à la campagne, elle sait que les routes sont impraticables au printemps, qu'il faut emprunter la voie du fleuve et que les glaces sont dangereuses pour une embarcation légère.

* * *

Jean Dessaulles a eu une courte carrière militaire. En 1812, comme on l'a vu, il a recueilli une partie des charges de son cousin, lieutenant-colonel du régiment de Saint-Hyacinthe, dont l'état de santé n'est pas bon. Plus tard, il dirigera lui-même la troupe, après avoir parcouru rapidement les échelons dans cette milice sur laquelle on compte pour défendre la Colonie ; avec raison sans doute, car c'est elle qui, sous les ordres de Salaberry en 1812, a contribué à barrer la route aux Américains, à la bataille de Châteauguay. C'est sur ses chefs aussi que sir Robert Shore Milnes, lieutenant-gouverneur du Bas-Canada, avait compté au début du siècle pour donner une armature politique à la colonie et pour créer des liens plus forts entre la Couronne britannique et ses sujets du Bas-Canada [21].

Une miniature représente le seigneur de Saint-Hyacinthe en officier de Sa Majesté. Il porte un uniforme rutilant ; assez curieusement, il a le crâne rasé ; l'époque n'étant plus où l'on portait perruque si l'on n'avait une chevelure abondante comme Wolfe ou Montcalm un demi-siècle auparavant. Certains, il est vrai, avaient encore les cheveux réunis à la nuque et formant une queue nouée derrière la tête, comme Joseph Papineau. Une peinture de Louis Dulongpré à la Galerie des Arts à Ottawa est meilleure que la miniature. Le peintre représente Jean Dessaulles en homme arrivé, au port noble, comme il se doit, avec breloque d'or au gilet et cravate abondante qui entoure le cou, au-dessous du col à pan coupé.

Les années passent ; le seigneur vieillit. Il n'est plus l'athlète de sa jeunesse, alors qu'il battait les Abénakis à la course dans des épreuves sportives et que, dans le saut en longueur, il était hors concours. La vie est dure dans la colonie. Si l'on commence à voyager plus facilement, les communications sont encore difficiles, sauf tard au printemps, pendant l'été ou tôt à l'automne, à un moment où le chemin de fer n'a pas commencé de sillonner le pays. L'hiver est terrible avec ses froids, ses sautes de température, ses tempêtes qui isolent les régions et, même, les maisons, les unes des autres. Dans ce grand bâtiment, que l'on appelle le manoir à Saint-Hyacinthe et que certains qualifient de château parce que le seigneur y habite, règne un confort certain pour l'époque. Quelle que soit la température extérieure, un domestique est chargé d'alimenter en bois les dix poêles répartis à travers les étages[22]. Et puis, le seigneur et sa femme y entretiennent une atmosphère bien agréable ; ils pratiquent une hospitalité chaleureuse qui enchante. Un des directeurs du collège, l'abbé Raymond, n'a-t-il pas écrit à ce sujet : « À côté de Jean Dessaulles, vivait une noble dame douée des plus belles qualités, possédant un des cœurs les plus généreux qui se puissent rencontrer, mais surtout montrant dans tous ses procédés une délicatesse exquise qui en faisait les délices de la société »[23].

Jean Dessaulles a soixante-neuf ans. Il meurt le 20 juin 1835. On l'enterre dans l'église paroissiale sous le banc du seigneur, au milieu d'un grand concours de personnages : ecclésiastiques, amis, gens du cru, venus rendre un dernier hommage à celui qui toute sa vie avait été fidèle à ses gens et à ses censitaires, dont il avait défendu les intérêts comme les siens propres.

Chose assez étonnante, ses beaux-frères Louis-Joseph et Denis-Benjamin, non plus que son beau-père, ne semblent avoir assisté aux funérailles, pas plus que Pierre Debartzch, le seigneur voisin. Comment expliquer, en effet, que le nom des Papineau n'apparaisse pas au registre ? Anticléricalisme, poussé au point de ne pas vouloir se plier aux usages de l'Église ? Voilà une explication à écarter, je crois. Opposition politique qui se serait accentuée depuis que Jean Dessaulles est au Conseil législatif, et, surtout, à la suite des *Quatre-vingt-douze résolutions* ? Peut-être, quoique en toute sincérité, on ne le sait vraiment pas. Et cependant, Joseph Papineau est le père de la veuve, alors que Louis-Joseph et Denis-Benjamin sont ses frères. Pour Pierre-Dominique Debartzch, il aurait quelque raison d'en vouloir à celui qui l'a remplacé auprès de son cousin, Hyacinthe-Marie Delorme. Mais de son vivant, Jean Dessaulles et lui ont eu des intérêts communs avec ce moulin banal dont ils possèdent chacun une part. Et la mort ne devrait-elle pas effacer tout ressentiment ? Il faut dire qu'à cette époque les rancunes étaient tenaces [24].

J'ai hésité à mentionner le fait, que les Papineau — père et fils — ne semblent pas avoir assisté aux obsèques, tant que je n'eus trouvé dans les *Journaux du Conseil Législatif* de 1834 la mention suivante : « Membres du Conseil législatif résidans dans la Province, qui ne se sont pas rendus à leur place pendant la présente session, 1834 : Jean Dessaulles ». Et sous le titre : « Excuses signifiées à la Chambre : Il n'a pas été offert d'excuses ». Jean Dessaules meurt en juin 1835. Il a été malade en 1834, mais ne pense-t-on pas que s'il avait été empêché d'assister à toute la session par la maladie seulement, il eût expliqué son absence comme le règlement de la Chambre l'exigeait. Ni Pierre D. Debartzch, ni Charles de Saint-

Ours, ni P. de Sales Laterrière, ni Frs-X. Malhiot ne s'étaient eux-mêmes excusés. Il y avait sûrement là une action concertée qui ne pouvait que déplaire à Louis-Joseph Papineau, président de la Chambre. Pour lui, ils auraient dû être tout au moins à la réunion du Conseil où devaient être discutées les quatre-vingt-douze résolutions, chères aux patriotes. Ne serait-ce pas cette abstention de Jean Dessaulles qui aurait atteint les Papineau, au point de leur faire oublier leurs devoirs envers le mari de Marie-Rosalie ?

Les cinq conseillers n'ont sûrement pas tous été indisposés au même moment. Ils se sont portés malades, ce qui, à distance, ne paraît pas bien courageux puisqu'ils laissaient la place aux autres. Dans l'esprit de Papineau, n'était-ce pas voter contre les Résolutions que de ne pas être là pour s'opposer à ce qu'on rejette un texte qui venait d'être adopté par une très forte majorité à l'Assemblée Législative, présidée par lui ?

Il serait intéressant de savoir comment Marie-Rosalie Dessaulles a réagi à ce moment-là. Comment a-t-elle pu accepter que pour des considérations strictement politiques, on ne soit pas venu aux obsèques d'un mari qui lui était cher ? C'est un drame familial comme il y en eut beaucoup, je crois, à une époque où les passions étaient exacerbées.

* * *

À l'occasion du décès de Jean Dessaulles, il faut reconnaître que, sous sa direction, la seigneurie peu développée que lui avait laissée son cousin, avait pris un assez grand essor, puisqu'elle comptait, en 1832, comme on l'a vu, cinq paroisses d'une population totale de quatorze mille personnes, suivant les chiffres de l'arpenteur général Joseph Bouchette, revenu de Londres avec ses livres qui

allaient faire sa joie et sa désolation ; sa joie parce qu'ils
lui permettaient de présenter le fruit de son labeur et sa
désolation parce qu'il avait dû faire paraître ses œuvres à
compte d'auteur et qu'il s'était bien lourdement chargé.

CHAPITRE II

Marie-Rosalie Dessaulles, née Papineau, cinquième seigneur de Saint-Hyacinthe (1857)

Marie-Rosalie Dessaulles

Béni soit celui qui vient
au nom du Seigneur.

Marie-Rosalie Dessaulles succède à son mari, à la seigneurie de Saint-Hyacinthe de fait, sinon de droit. Elle est mariée en communauté de biens, mais elle a consenti à ce que son mari lègue le domaine à son fils aîné Louis-Antoine, quitte à verser à sa sœur et à son frère un tiers de la « juste estimation » [25].

Comme on l'a vu, elle est la fille cadette de Joseph Papineau, notaire et arpenteur-géomètre, qui a joué un rôle dans la politique du Bas-Canada, au moment où le gouverneur sir James Craig la dirigeait tambour battant. Il ne se servait pas de ses soldats ou de ses canons pour réduire à merci ces hommes qui lui tenaient tête, au nom de la liberté individuelle et de la responsabilité du gouvernement envers ses sujets nouveaux ; il les admonestait rudement ou les mettait en prison quand il les jugeait trop insolents, incontrôlables, protestataires ou contestataires comme on dira plus tard. C'est ainsi qu'il mit derrière les barreaux Pierre Bédard qui, dans son journal *Le Canadien*, s'est opposé à sa politique, ainsi que Louis Bourdages — autre mauvais esprit qui refuse de s'incliner devant l'autorité du gouverneur. Aussi ferme, Joseph Papineau est plus souple ; il évite la prison de justesse, même s'il tient tête au gouverneur qui lui reconnaît de l'astuce et de l'intelligence, mais ne cède pas devant ses arguments.

C'est dans le milieu de Montréal que Joseph Papineau a élevé sa fille, rue Bonsecours, dans la maison où le
grand-père montait les tonneaux destinés à sa clientèle.
Celui-ci était à ce point satisfait de sa vie d'artisan qu'il
s'était objecté à envoyer son fils, Joseph, au Séminaire de
Québec où on était prêt à l'accueillir. Heureusement, un
abbé veillait et il obtint que le tonnelier — père d'un
garçon intelligent — changea d'avis. Sans cet ecclésiastique tenace et généreux, la face du Bas-Canada eût été
changée.

Si Joseph Papineau, devenu notaire, eut une fille
qu'il appela Marie-Rosalie, il avait eu auparavant un
fils nommé Louis-Joseph. Celui-ci était appelé à jouer un
rôle important dans la politique du Bas-Canada, pour le
plus grand dam de ces hommes qui, à Montréal ou à Québec, voulaient mener la Colonie à leur guise et des grands
seigneurs ou des membres de la *gentry* qui, à Westminster
Abbey, à Londres, décidaient du sort des culs-terreux
accrochés à leur sol dans la vallée du Saint-Laurent. Fort
heureusement, les uns n'étaient pas toujours d'accord
avec les autres, ce qui rendait possibles des manœuvres
assez efficaces pour empêcher que les nouveaux sujets ne
se laissent attirer par leurs voisins du sud. Ils en étaient
bien tentés, cependant, par l'atmosphère de liberté qui y
avait succédé au régime colonial rigide.

Joseph Papineau était le notaire du Séminaire de
Québec depuis de nombreuses années. Il était aussi l'homme de confiance qui, dans la région de Montréal, s'occupait des domaines que la Communauté possédait dans
l'Île-Jésus. Un jour qu'il présentait sa note d'honoraires
à ses vieux maîtres, ceux-ci lui offrirent de prendre en
échange une partie de la seigneurie de la Petite-Nation
qu'ils avaient reçue du roi de France longtemps auparavant, mais dont ils ne s'étaient guère occupés malgré l'engagement pris envers leur souverain. Dans l'immense

domaine [26], il n'y avait guère qu'un colon isolé dans la sauvagerie [27]. Comme la seigneurie était loin de Québec et assez éloignée de Montréal, il ne pouvait être question que le Séminaire l'exploitât, tant il avait d'autres soucis plus immédiats. Et c'est ainsi qu'en 1801, Joseph Papineau, notaire et fils de tonnelier, devint le seigneur de la Petite-Nation. Il agrandit son domaine en 1803 quand il se porta acquéreur du reste de la seigneurie. Celle-ci mesurait cinq lieues de front sur la rivière des Outaouais et cinq lieues en profondeur, plus ou moins mesure anglaise comme on disait à l'époque. Joseph Papineau dut être assez heureux de ce qui lui tombait ainsi du ciel. Il est vrai que si l'Administration avait fermé les yeux jusque-là devant l'incurie des prêtres du Séminaire, il n'était pas du tout certain qu'elle consentît à laisser les lieux dans l'état où le Séminaire les avait gardés si longtemps. Car si Joseph Papineau était un des notables de la colonie, il ne jouissait pas du prestige des prêtres, représentants de la Sainte Religion en pays d'Amérique, presque intouchables à l'époque.

Homme d'action, Papineau décide d'intervenir personnellement. Ainsi, en 1809, on le voit à la tête d'un groupe de dix-neuf colons qui acceptent de *faire de la terre* avec lui dans ce lieu isolé, où il leur est possible d'avoir un sol à cultiver, une fois la forêt rasée et, ainsi, de préparer leur avenir et celui de leur famille. Dans le groupe, il y a Denis-Benjamin, le deuxième fils du seigneur, qui dirigera les travaux pour le compte de son père jusqu'en 1817 et, par la suite, pour son frère devenu le propriétaire du domaine. Louis-Joseph Papineau ne l'habitera pas avant son retour de France, en 1847. Jusqu'au moment où l'on met sa tête à prix, il est président d'une assemblée législative assez houleuse, où la paix règne rarement ; elle l'occupe au point qu'il doit laisser son frère et son père régler à peu près seuls les problèmes que posent la seigneurie et ses censitaires. De Montréal, le tabellion, père du seigneur, échange avec son fils Denis-Benjamin, une correspondance dont fort heureusement l'État-archiviste a gardé la trace. Qui aime bien châtie bien, dit un vieil adage. Aussi, le père secoue-t-il d'importance son fils Denis-Benjamin quand il le juge un peu paresseux, négligent ou peu astucieux devant ces hommes qu'il doit faire travailler, même s'ils préfèrent la chasse et la pêche aux semailles, à l'engrangement du foin, au battage du blé et à la coupe du bois à grands coups de cognée. Il faut lire ces lettres qui permettent de mieux comprendre la vie rude de gens isolés dans la sauvagerie.

Quand Louis-Joseph Papineau reviendra de France en 1847, il procédera à la construction d'une grande maison de pierre qui, par la suite, deviendra un club pour bourgeois et fonctionnaires argentés. Il espérait y retenir sa femme ; mais il n'y réussit pas parce qu'elle n'aimait pas cette campagne lointaine. Et pourtant qu'elle était belle cette maison surplombant l'Outaouais du haut d'un cap qui, à vrai dire, n'était qu'une modeste élévation de terrain !

* * *

Auparavant, Joseph Papineau avait eu une maison de bois dans l'île Roussin, que l'on appela le manoir tant que l'autre ne fut construite de l'autre côté de l'eau.

Quand l'habitation fut à peu près terminée en 1809, Joseph Papineau décida que sa famille y habiterait, tout au moins pendant quelques années. Et c'est ainsi que Marie-Rosalie — seule fille de la famille — dut suivre sa mère dans cette maison assez inconfortable sans doute et si loin de tout. Son amie Angèle Cornu, que ses parents ont adoptée, l'aidera à mieux supporter l'éloignement. Plus tard, celle-ci épousera Denis-Benjamin Papineau qui fera carrière en dehors de la seigneurie de la Petite-

Nation, quand il s'orientera vers la politique tout en gardant le fief de Plaisance que lui a cédé son frère en souvenir des services qu'il lui a rendus.

Pour comprendre l'isolement du lieu, à l'époque où la famille Papineau s'y installe, il faut lire la lettre que Marie-Rosalie adresse à sa cousine Perrine Viger, à propos d'un voyage qu'elle fait avec son père, en 1812, de Montréal à la Petite-Nation, éloignée de quelque soixante-quinze milles [28] :

> Il faudra que je vous parle de mon voyage en partant de chez vous. J'ai eu l'ennui d'être retardée jusqu'au lendemain à Lachine. Imaginez comme j'étais fâchée d'être si près encore de chez vous dans un bâteau qui n'avançait pas. Je ne les ai pas étourdis par mon caquet. Par-dessus le marché, nous avions vent devant et un bâteau mal chargé, ce qui fait que les hommes pouvaient à peine ramer et que la moindre lame entrait dans le bâteau. Jusqu'au Long-Sault nous y avons mis trois jours : les hommes continuant dans l'eau par moment jusqu'à la ceinture et presque tous malades. Enfin, le septième jour depuis notre départ de Montréal, papa a trouvé en haut des rapides un bâteau dans lequel il a fait mettre la moitié de sa charge. Il s'est embarqué avec moi et trois hommes et après avoir vogué toute la nuit, nous sommes enfin arrivés à l'île à quatre heures du matin. Le premier bâteau n'est arrivé que deux jours après nous, avec l'autre moitié de la charge. Il falloit être avec papa pour n'avoir pas de misère dans un tel voyage.

Pour expliquer qu'il ait fallu autant de temps pour parcourir une distance aussi limitée, il faut se rappeler que l'embarcation est lourdement chargée et que le voyage se fait à l'automne. De Lachine, on doit traverser le lac Saint-Louis où souffle un fort vent d'ouest. De là, on passe par les premiers rapides à la pointe de l'Île puis, on avance dans la baie de Vaudreuil, mal abritée contre le vent d'ouest, quand on en longe la côte orientale. On entre ensuite dans le lac des Deux-Montagnes, où la vague venue du goulot de Como est encore très dure, avec un vent que rien n'arrête ; mais c'est au Long-Sault que la difficulté est la plus grande car le courant est rapide, violent, et le canal de Grenville n'existe pas encore. Il fallait une force peu commune et un courage à toute épreuve pour tenir le coup. C'est en pensant à tout ce que son père avait accepté de faire pour la seigneurie que Louis-Joseph Papineau y fera venir sa dépouille pour qu'il soit entouré de tous les membres de la famille, dans la chapelle qu'il a fait construire à l'arrière de son manoir de Monte-Bello.

* * *

Au début, le seigneur s'est installé dans l'Île Roussin, mot venu de l'algonquin, semble-t-il, et qui veut dire l'île aux écureuils. Située au milieu de l'Outaouais, elle est connue principalement sous ce nom ; à certains moments, cependant, on la nomme Île à Roussin, Roussaine, Roussi, Arunsen, Aroussen et Roussant, suivant les uns ou les autres.

Dans l'île, la famille est isolée du littoral, mais elle est plus en sûreté que sur la rive, à l'orée d'une forêt qui s'étend jusqu'à la toundra. L'île est assez élevée pour ne pas être inondée au printemps. Comme la terre est bonne, l'on ne tardera pas à y semer des céréales et avoir un potager, domaine des femmes.

Dire que l'épouse et la fille du seigneur sont ravies de vivre aussi loin de la ville serait mentir sans doute. Pour venir à Montréal, il faut compter quelques jours en canoë, en « bateau à la tirelle » ou dans cette embarcation dont Marie-Rosalie parle à sa cousine. Marie-Rosalie, en particulier, n'est pas très heureuse, même si elle fait contre mauvaise fortune bon cœur. Comme elle a ses amis et ses parents à Montréal ou dans les environs, elle ne

peut qu'être désolée de la décision de son père. Mais
comment ne pas suivre ses parents à une époque où il
n'est pas question de vivre ailleurs, à moins d'élever des
neveux quelque part, d'entrer au couvent ou d'être ména-
gère de curé dans un presbytère lointain ? Elle se résigne
en espérant qu'avant longtemps la famille reviendra à
Montréal dans la maison de la rue Bonsecours, en hiver
tout au moins.

Est-ce au cours d'un voyage ou avant de quitter la
ville qu'un soir elle a rencontré au bal un jeune officier
du nom de Rocheblave, qui se rappellera avoir dansé avec
elle un jour que, chargé de trouver des vivres pour ses
soldats, il ferme les yeux quand Marie-Rosalie ramasse
ses poules et les met à l'abri. Une lettre qu'elle écrit à ce
sujet à Madame Benjamin Papineau à Chambly, le 14
septembre 1814, nous permet de reconstituer la scène.
Elle est plaisante dans sa bonhomie [29].

Je reprends ma lettre que j'ai abandonnée pour voir
arriver ce soir à sept heures une brigade de canots qui conduit des troupes à Michillimakinac. Une centaine de soldats du vingt-quatrième régiment sont campés sur l'Île,
sans compter huit canadiens par canot qui les conduisent.
La vieille George est venue me dire qu'ils se proposaient de
faire du bouillon de poule, de dinde et de mouton. Comment faire ; je n'ai point d'hommes à la maison que
Faustin qui a peur des soldats comme du loup gris et pas
un bâtiment ne ferme à clef. Philistin a été chercher
Thermoth. J'ai fait attraper toutes les volailles, je les ai
fait mettre dans notre cave et j'ai dit à Thermoth de veil-
ler toute la nuit. Il y en a de ces soldats plein la petite
maison, dans le hangar, sur le grenier à foin ; la grève
est remplie... on fait bon quart ! A neuf heures, M. Rocheblave, qui conduit ce détachement, est venu faire visite
avec quatre officiers anglais qui ont appris en France
ce printemps, la langue française. L'automne dernier ils
étoient en Angleterre, puis envoyés en Espagne, ils ont

> hiverné en Catalogne, ont passé le printemps en France,
> l'été sur la mer et les voilà cet automne en route pour
> Michillimakinac où ils hivernent. Quelle vie !
>
> Six heures... Tous mes soldats se sont embarqués ce
> matin à cinq heures ; il ne paraît pas qu'ils nous ay fait
> autre chose que de plumer un coq et le manger, la pauvre
> bête avoit été oubliée.

Michillimakinac était un fort élevé à côté d'un village
lointain, où les Jésuites avaient eu une mission, fondée
par le Père Marquette et où il y avait eu un poste de traite
depuis longtemps. Bien placé, le fort défendait le détroit
qui donnait accès au Lac Huron et au Lac Michigan.
C'est là que la troupe dirigée par M. de Rocheblave se
rendait en empruntant la voie de l'Outaouais, que l'on
suivait depuis le début de la colonie pour atteindre les
lointains établissements de l'ouest.

Les Rocheblave étaient bien connus de la famille
Papineau. Avec l'un d'eux, Joseph Papineau avait livré
de durs combats politiques, à la fin du XVIIIᵉ siècle et au
début du XIXᵉ, dans cette Assemblée législative qui tenait
tête aux gouverneurs anglais. On comprend pourquoi
le commandant du régiment ait bien voulu fermer les
yeux.

Par d'autres lettres, on peut préjuger des sentiments
de Marie-Rosalie Papineau envers le régime. L'une d'elles
en particulier nous éclaire. Elle vient d'une amie qui habite
Montréal en attendant d'aller, à Trois-Rivières, rejoindre
son mari qui fait partie du troisième bataillon de Maska.
Datée du 25 décembre 1813, la lettre est adressée à « Mlle
Rosalie Papineau à Lisle Roussain, Petite Nation » ; ce
qui indique que, malgré l'éloignement, la poste fonc-
tionnait. Mais il y avait aussi *Doudou*, l'homme à tout
faire qui faisait la navette entre la rue Bonsecours et le
manoir. Peut-être était-ce lui qui s'était chargé de la lettre.
Après avoir parlé de choses et d'autres, son amie remar-

que : « Le Roy a besoin de bras pour le défendre..., ce
langage là ne te plais peut-être pas... » Marie-Rosalie
sait comme paraît détestable à son frère Louis-Joseph ce
service militaire auquel il est astreint et elle a tendance
à partager ses opinions anti-militaristes.

* * *

On peut imaginer ce que pouvait être, à la Petite-
Nation, la vie de cette jeune fille — dont un pastel de
l'époque nous a gardé le souvenir. Jolie et fraîche, il ne
pouvait être question pour elle d'épouser un des colons
rudes et frustes que son père avait amenés avec lui.
Malgré tout, elle reste gaie, comme le rappelle une lettre
de son frère Louis-Joseph. Un jour de juillet 1812, il est
déprimé. Il n'a pas d'argent pour renouveler sa garde-
robe. Soir et matin, comme capitaine de Sa Majesté
George II, stationné à Coteau du Lac avec le cinquième
bataillon de milice incorporée [sic], il fait faire de l'exercice à sa troupe, ce qui le force à se lever dès quatre
heures et demie. Déjà romantique de tempérament, il est
accablé par les malheurs du temps et la méchanceté des
hommes. « Tu ne te fais pas d'idée de l'état présent de la
société parmi nous, écrit-il à sa sœur. L'espionnage,
l'intrigue, le mensonge sont les armes dont chacun se sert
pour se nuire réciproquement... » Et il ajoute : « Il me
serait nécessaire que je te visse (ô charme de cet impar-
fait du subjonctif destiné à sa sœur), afin que tu me fasses
rire avec tes folles gaietés ». Louis-Joseph a vingt-six ans ;
sa sœur en a vingt-quatre. C'est elle qui devrait se sentir
un peu triste. Son frère a l'avenir devant lui. Il est peu
argenté mais, à côté de son père, il siège en Chambre
avant d'en devenir le président. Et cependant, c'est lui
qui est morose. Elle approche du moment où elle coiffera
Sainte-Catherine et, pour une femme, la chose est grave
à l'époque.

Elle s'ennuie tout de même un peu à la Petite-Nation. Aussi un jour, en 1812, dit-elle à son amie Perrine Viger : « Écrivez ! Je vous charge premièrement de me mander des nouvelles de votre santé et ensuite... beaucoup d'autres, toutes les nouvelles ! » Perrine Viger prend la demande au sérieux. Ainsi, le 7 janvier 1813, elle écrit : « Décembre est passé. Sophie est toujours là et l'amant à Québec. Je crains bien pour elle que ses espérances s'évanouissent comme la fumée et qu'il ne reste à la pauvre enfant que de tristes souvenirs pour ne rien dire de plus ». Dans la marge, quelqu'un a noté : *à éliminer*, ce qui fait sourire.

Quatre ans passent puis, tout à coup, l'occasion se présente en 1816. À Saint-Hyacinthe, vit un veuf qui a eu une vie malheureuse jusque-là. Marié sur le tard, il a perdu deux enfants, dont l'un à la naissance et qui a été enterré sans doute dans le coin réservé aux criminels et aux non-baptisés, car, à cette époque, on est dur pour eux ; l'autre est mort quelques jours après sa naissance, mais pas assez tôt pour qu'on ne l'ait ondoyé. Quant à sa femme, elle est décédée à l'âge de vingt-huit ans.

Jean Dessaulles fait la connaissance de Marie-Rosalie chez des amis communs ; il demande sa main et l'obtient. En 1816, ils se marient dans l'église des Sulpiciens à Montréal. Même si l'église est jolie et bien accueillante, on la démolira bientôt pour construire celle de la Paroisse en retrait de la rue Notre-Dame : vaste temple qui, pendant longtemps, centralisera la vie religieuse de la ville.

Puis, le seigneur et sa femme viennent habiter le manoir de Saint-Hyacinthe : grande maison de pierre à trois étages, au long toit garni d'une double rangée de lucarnes et flanquée de bas-côtés. Construite en 1798, elle sera démolie en 1876. C'est là que Marie-Rosalie Papineau habitera à côté de son seigneur et maître jusqu'en 1835, puis seule jusqu'à sa mort en 1857, tout en exerçant les droits et prérogatives du seigneur après le décès de son mari. Alors commence une longue existence faite d'inquiétudes et d'inattendus, mais aussi de bonté, de générosité, de charité qui sont dans la tradition du Christ.

Prise par ses occupations nouvelles après son mariage, elle cesse d'écrire à sa famille pendant quelque temps. Son frère Louis-Joseph le lui reproche et pour la taquiner lui écrit le 16 mai 1816. Le ton de la lettre indique comme ils sont attachés l'un à l'autre : « Papa avait donné à M. Dessaulles une fille tendre attachée à ses parents ; je lui avais donné une sœur que j'aimais à laquelle je ne me croyais pas indifférent. Nous l'avions vu quitter père et mère, frères et sœurs, oncles et tantes, cousins et cousines, amis et amies pour courir après un homme. Nous n'étions pas trop surpris de cela il faut l'avouer parce que saint Paul je crois, ou je ne sais quel autre saint a recommandé à toutes les filles d'en agir ainsi quand elles pourraient courir assez bien pour attraper un homme. C'était assez sage de leur en donner la permission, parce qu'aussi bien elles en auraient fait tout autant sans permission, et un peu plus avec des défenses. Mais ce qui nous fait récrier, ce qui est un scandale affreux c'est qu'en si peu de temps elle nous ait tous oubliés. »

* * *

Dès son arrivée à Saint-Hyacinthe, écrit le chanoine Choquette dans son *Histoire de Saint-Hyacinthe,* Madame Dessaulles fait « du manoir une habitation à nulle autre pareille ».

Avant qu'elle n'atteigne l'âge canonique et qu'elle ne devienne pour les maskoutains la châtelaine au grand cœur, voyons-la vivre.

À cette époque, on ne plaisantait pas avec le précepte de l'Église : croissez et multipliez-vous. En 1818, après une fausse couche, Marie-Rosalie a un fils qu'on appellera Louis-Antoine : Louis, sans doute pour rappeler le souvenir du frère aîné que, dans la famille, on appelle Papineau quand on lui écrit et non Louis-Joseph, car on le considère sinon comme le chef de la dynastie, du moins comme celui qui donne de l'éclat au nom.

De Jean Dessaulles, elle aura deux autres enfants : Rosalie-Eugénie en 1824 et Georges-Casimir en 1827.

Intelligent, bon écrivain, polémiste fougueux, féru de liberté à une époque où on la nie en dehors de l'Église, Louis-Antoine fera parler de lui dès son retour d'Europe. Il sera plus mennaisien que Lamennais, mis en prison pour ses opinions, mais dont, de ce côté de la grande mare, certains ont prôné les idées tant que le Pape ne les eût pas condamnés. On s'en inspire au collège de Saint-Hyacinthe jusqu'au moment où l'évêque et les supérieurs s'y opposent. Par la suite, comme on le verra, Louis-Antoine Dessaulles aura maille à partir d'abord avec le supérieur du Séminaire de Saint-Hyacinthe en 1867, puis avec Monseigneur Ignace Bourget quand, devenu le principal animateur de l'Institut Canadien, il développera des idées que l'évêque horrifié ne voudra pas accepter. Alors le prélat brandira l'anathème contre l'Institut, son président et ses membres, et fera mettre à l'index *l'Annuaire de l'Institut.* Mais cela est une autre histoire qui s'écrit longtemps après et sur laquelle on reviendra. Si elle eût vécu à ce moment-là, la seigneuresse aurait été tiraillée entre ce fils qu'elle aimait et ces prêtres qu'elle respectait. Bien qu'elle fût croyante, elle aurait été tentée de donner raison à son fils pour ses idées de liberté en avance d'un siècle sur Vatican II. Mais comme l'affaire Guibord l'aurait horrifiée !

* * *

En juin 1822, Marie-Rosalie est enceinte. Courageusement, elle se met à la besogne et prépare tout pour ses couches. Dans une lettre qu'elle adresse à sa belle-sœur, Angèle Papineau, elle dit tout ce qu'elle a fait pour qu'on ne manque de rien pendant ses relevailles. On y trouve l'indication de sa grande activité, de sa bonne humeur et son souci de prévoir tout à l'avance, de ne rien laisser derrière.

Sa petite-fille, Mme Henriette D. Saint-Jacques, en a présenté le texte dans une conférence qu'elle a prononcée un siècle plus tard sous le titre de *Voix du passé.*

Ne t'inquiète pas de moi. Tout va bien, écrit Marie-Rosalie à sa belle-sœur, mes préparatifs sont finis. Voilà tout mon monde habillé pour l'été, mes abeilles essaimées et la vieille ruche haussée afin de lui ôter l'envie de me perdre un essaim quand je ne pourrai plus y voir. Toutes mes couvées de canards et de poulets sont écloses. J'ai au-dessus de 100 canards et un peu plus de poulets. De ce qui est éclos depuis la Semaine Sainte, aucune volaille ne s'est perdue.

Trois cents livres de beurre salé me font espérer qu'on pourra, sans moi, compléter la provision.

Mes herbes, mes choux, mes oignons sont éclaircis ; mes vignes arrêtées, attachées et édrageonnées. Tous mes melons, concombres, melons d'eau, en pleine floraison. Et puis, mes patates et mon blé-d'inde renchaussés pour une troisième fois.

Mes plates-bandes sont sarclées et de la plus belle apparence ; mon jardin est en fort bel état.

Mes lessives, mes savonnages et mon grand ménage sont terminés, enfin la layette est en ordre et le ber tout rafraîchi.

Qu'en dis-tu ? Es-tu essoufflée de tout le mouvement que je me suis donné pour faire et surveiller tant de travaux ? Cela va me donner le temps de songer à moi, et même me permettre de m'en aller au paradis, s'il plaisait au Seigneur, avec l'espoir qu'on pourra se souvenir de moi pendant six mois au moins, puisqu'ils mettront bien ce temps à consommer les provisions que je leur aurai laissées ! Badinage à part, je suis prête, bien portante et de bonne humeur.

La seigneuresse a aussi le goût des fleurs, malgré toutes ses préoccupations. Ainsi un jour de mai 1835, elle prie son frère de bien vouloir lui envoyer des plants qu'elle mettra en terre pour remplacer ceux qui n'ont pas résisté à l'hiver. Elle demande « 4 jeunes poiriers étant donné que ceux qu'il lui a envoyés l'été dernier n'ont pas repris », mais aussi un rosier, des pivoines « comme j'en ai vues chez Madame Quénelle... et des *hiacinthes* ». Sans s'étonner outre mesure, on sent que, dès cette époque, on a franchi une autre étape, malgré le climat. Ce n'est pas de la culture vivrière, c'est presque un luxe qui souligne un besoin nouveau, celui de donner à une hospitalité traditionnelle un cadre accueillant, coloré, même en cette époque troublée, inquiétante.

Plus tard, Mme F.L. Béique confirmera le goût qu'avait sa grand-mère pour les fleurs. Petite fille, elle a vécu chez elle et elle se souvient du jardin comme de la maison elle-même.

* * *

En 1827, la châtelaine a un second fils qu'elle appelle Georges-Casimir. Celui-ci sera maire de Saint-Hyacinthe et il fera de la politique sous la bannière de Wilfrid Laurier, au moment où les libéraux arrivent au pouvoir. Député du comté de 1897 à 1900, il sera sénateur par la suite. Il le restera jusqu'à sa mort : seul centenaire de cette Chambre Haute, où l'on restait toute sa vie pourvu qu'on pût assister à un nombre minimal de séances, quitte à se transporter dans un fauteuil roulant quand ses forces ne suffisaient plus.

Le sénateur a laissé dans son milieu le souvenir d'un animateur, qui a fait sa marque dans l'histoire de la ville. Il fut président de la Banque de Saint-Hyacinthe,[30] tout en étant seigneur de Yamaska quand, longtemps après la mort de son père, une partie du domaine original lui fut attribuée, avec une part des moulins. La nouvelle seigneurie avait pris le nom de Yamaska, pour rappeler la rivière qui la bordait.

Comme on l'a vu, Jean Dessaulles avait voulu que son fils Louis-Antoine fût seigneur de Saint-Hyacinthe, avec l'entente qu'il indemniserait son frère et sa sœur pour leur part. En 1852, inquiets, ceux-ci demandèrent que la seigneurie initiale fût divisée en trois parties, l'une — Dessaulles propre — appartenant à l'aîné, Louis-Antoine, l'autre, dénommée seigneurie de Yamaska, revenant à Georges-Casimir et la dernière, dite de Rosalie, attribuée à Rosalie-Eugénie Laframboise.

Car Marie-Rosalie Dessaulles avait également eu une fille qu'elle avait nommée Rosalie-Eugénie. Née en 1824, celle-ci épousa un jeune avocat de Montréal, Alexis-Maurice Laframboise, venu s'établir à Saint-Hyacinthe en 1845, après leur mariage. Il pratiqua sa profession à Saint-Hyacinthe, puis à Montréal, durant de nombreuses années et il fut député du comté de Bagot à l'Assemblée législative, de 1857 à 1867. Plus tard, il fut nommé juge pour le district de Gaspé. Dans l'intervalle, sa femme avait reçu la seigneurie dite de Rosalie provenant du sectionnement du domaine original dont son grand-père avait hérité du seigneur Delorme,[31] en 1814. Elle avait droit également aux cinq huitièmes de la scierie de Saint-Pie, qui donna tant de soucis à sa mère pendant qu'à titre de tutrice de ses enfants elle eut la charge de l'administrer.

* * *

Comme on l'a vu précédemment, de son vivant Jean Dessaulles passait une partie de l'année à Québec, où il trouvait bien longs les mois d'hiver au cours de sessions finissant abruptement au gré du Prince ou traînant en longueur. Par leurs lettres, on sent les deux époux très attachés l'un à l'autre, même s'ils le disent avec une certaine maladresse. Ainsi, lui l'appelle : chère amie [32] et il signe : *adieu chère amie* ou, encore, ton ami et époux. De son côté, elle se déclare : *ta tendre, sincère et fidèle épouse.* On les sent très près l'un de l'autre, même s'ils sont un peu maladroits dans l'expression de leurs sentiments. Un peu prudes, sans doute, ils n'osent pas se livrer. Ils s'aiment, mais le disent mal. Un jour qu'elle est affreusement inquiète à cause de la débâcle menaçante, Marie-Rosalie sent le besoin de rassurer son mari sur ses sentiments. Ainsi, après lui avoir écrit : « Avant de venir, au moins attends qu'il n'y ait plus de glace du tout d'ici Québec », elle ajoute : « tu vas peut-être dire que ce n'est pas le langage d'une femme qui aime son mari et le désire ; c'est au moins le langage de celle qui te préfère à tous ». On sent l'inquiétude de la mère, autant que de la femme qui aime son mari et qui ne voudrait pas le voir s'exposer au danger malgré le grand désir qui la porte vers lui.

Quand il est là, quelle joie ! Et que de sorties qui les amènent parfois jusqu'à Québec ou à Montréal. Son père s'inquiète de cette folle activité à laquelle sa fille se livre. Un peu bougon, il lui écrit : « Cesse de courir comme tu le fais, car en ton absence, qui s'occupe de tes enfants ? Je crois bien que l'arrivée de ton mari ne te rend pas plus sage. Tu cours tant et plus, ce n'est pas une excuse si ton mari te gâte ». C'est à peu près vers la même époque qu'il reprochait à son fils Denis-Benjamin de tourner en rond, de ne rien accomplir de valable : « tu es comme un pou dans le goudron », écrivait-il avec cette rudesse de ton qu'il avait parfois.

Marie-Rosalie avait fort à faire pendant les absences de son mari. Il y avait les gens qui venaient demander conseil à cette femme souriante, très simple, douée d'un grand bon sens, qui les écoutait, les dirigeait, les orientait, comme le faisait son mari quand il était là. Si certains étaient malades, elle n'hésitait pas à leur donner des médicaments peu compliqués dont un long séjour à la campagne l'avait habituée à faire usage. Elle les aidait aussi. Dans un livre bien agréable à lire, sa petite-fille, Mme F.L. Béique rappelle son œuvre dans cette campagne qui est dure pour les maladroits, les malchanceux ou les malades [33] : « Sa bonté, sa bienveillance étaient telles qu'elle était la confidente attitrée de toutes les faiblesses physiques et morales, et que de la contrée environnant Saint-Hyacinthe, on venait la consulter ou jouir un jour ou deux de son hospitalité ». Elle raconte aussi que si le médicament était une poudre désagréable au goût, la châtelaine donnait de la confiture pour la faire passer.

La femme du seigneur n'a pas que cette vie charitable. Il y a les affaires de son mari qu'elle doit surveiller. Comme on l'a vu au printemps, la coupe et le flottage du bois demandent une attention constante. Avec l'aide de quelques hommes de confiance, elle suit de près les bûcherons, qui préparent tout pour les deux scieries qu'il faut alimenter dès que le bois commence de descendre le cours de l'eau. Il faut surveiller aussi le moulin banal, qui fournit la farine aux censitaires ; il appartient pour les trois huitièmes au seigneur voisin, Pierre Debartzch et pour les cinq huitièmes à Jean Dessaulles. Les chiffres de Joseph Bouchette montrent comme la seigneurie donne des céréales en abondance quand la terre est *faite*. Voici la récolte qu'il mentionne dans son *Topographical Dictionary of Lower Canada*, vers 1829 :

Paroisse de	Production de blé
Saint-Hyacinthe	60,000 boisseaux
Saint-Césaire	1,894 "
Saint-Damase	1,818 "
La Présentation	1,824 "

L'est du Canada peut encore produire du blé, car le Haut-Canada est peu développé. C'est quand, de l'ouest, on commencera à expédier du blé sur une grande échelle que la concurrence deviendra impossible. Dans l'intervalle, on en a pour les besoins locaux et aussi pour l'exportation.

Enfin, il y a les enfants qu'il faut élever. Heureusement, tout près du manoir, se trouve le collège fondé par les prêtres du diocèse et que dirige M. Prince. Les deux fils Dessaulles y seront inscrits quand ils seront en âge, comme aussi Lactance et Amédée Papineau, neveux de la seigneuresse. Dans le couvent à côté, se trouvent les sœurs de la Congrégation Notre-Dame. Dès que son âge le lui permettra, [34] Rosalie-Eugénie le fréquentera. Elle y apprendra le catéchisme, le français, le calcul et la grande révérence à faire devant l'évêque et les personnages de marque et la petite *curtsy* devant les autres. Nuance ? Assurément, mais que saisissent bien les religieuses chargées de former leurs filles au son impérieux de la claquette.

* * *

En 1832, les nouvelles sont mauvaises ! Un peu partout dans la colonie, il y a une épidémie de choléra asiatique apporté par les immigrants venus d'Europe. Elle se répand comme le feu dans une traînée de poudre. Tous n'en sont pas atteints, mais beaucoup en meurent, au point que les gens sont frappés de terreur. Dans la seule famille des Papineau, trois décèdent coup sur coup, la mère de Marie-Rosalie, une de ses tantes et un de ses oncles. Voyant que l'épidémie gagne Saint-Hyacinthe, la châtelaine s'isole de ses enfants dans un coin du manoir et suit le médecin dans ses visites, note sa petite-fille. Elle accueille aussi tous les malades qui se présentent ou qu'elle ramasse ici et là, comme s'ils étaient des parents très chers ou des amis. Pour elle, il n'y a pas de différence à faire entre ces malades que certains fuient comme la peste. Inquiet, son père lui reproche d'exposer son mari et sa famille. Elle lui répond tout simplement qu'il lui a donné l'exemple du dévouement et qu'elle ne fait que l'imiter en accueillant des êtres souffrants.

On ne sait pas comment la seigneuresse soignait ses malades dans son manoir, mais une lettre de son père indique la recette qu'il donne à son fils Denis-Benjamin, au cas où le choléra ferait son apparition à la Petite-Nation. Elle est à la fois vigoureuse et inattendue. Qu'on en juge par ces détails. « Si vous aviez des malades chez vous, ceux qui les soigneront feroient bien de se bander le nes et la bouche d'un simple double de mouchoir pour respirer à travers et arrêter les miasmes qui pourroient communiquer la maladie et sitôt les soins finis se laver les mains et le visage, mettre à l'air les habits qu'ils avoient sur lui, en prendre d'autres et les aérer ainsi alternativement à chaque fois qu'on auroit resté auprès du malade, y rester que le temps absolument nécessaire pour soulager le malade, étendre de la chaux vive dans la maison, laisser répandre dans les appartements la fumée qui s'en exhale. » Il fallait avoir une solide constitution pour résister à cette médication.

L'épidémie s'en va comme elle était venue [35].

* * *

Jean Dessaulles est nommé conseiller législatif par lord Aylmer, ainsi qu'on l'a vu. À un certain point de vue, ce fut une excellente chose pour lui, car il put se tenir un peu à l'écart de la longue lutte que le parti des *patriotes* a engagée en Chambre. Comme le lui demande Louis-Joseph Papineau, il laisse son siège à un autre qui maintiendra la majorité du Parti en Chambre.

Papineau n'aime pas le Conseil législatif parce que les membres en sont nommés et non élus. Aussi, proteste-t-il aussi souvent qu'il le peut contre le mode de recrutement qu'on y pratique. Voici son sentiment exprimé dans une adresse de la Chambre d'Assemblée au Parlement anglais : « Nous ne repoussons nullement le principe d'étendre beaucoup plus loin qu'il ne l'est aujourd'hui, l'avantage d'un système d'élections fréquentes, mais nous pensons qu'en particulier ce système devrait être appliqué au Conseil législatif quoiqu'il puisse être regardé par le Secrétaire colonial comme incompatible avec le gouvernement britannique, appelé par lui gouvernement monarchique, ou comme trop analogue aux institutions que se sont données les divers États qui composent l'industrieuse, morale et prospère confédération des États-Unis d'Amérique... » Et voici comment l'adresse continue :

> Votre honorable Chambre ne peut, sans doute, trouver convenable qu'on impose, sous la forme du Conseil législatif, une Aristocratie à un pays où il n'y a aucuns matériaux naturels à son existence : elle pensera sans doute plutôt, nous osons l'espérer, que le Parlement du Royaume-Uni, en accordant aux sujets canadiens de sa Majesté le pouvoir de reviser la constitution dont ils tiennent leurs droits les plus chers, montrerait une politique libérale, indépendante de la considération d'intérêts antérieurs et de préjugés existants, et que par cette mesure d'une vaste, mais sage libéralité, il entrerait dans une noble rivalité avec les États-Unis d'Amérique ; empêcherait que les sujets de sa Majesté eussent rien à leur envier, et conserverait des

relations amicales avec cette province comme Colonie,
tant que durera notre liaison, et comme alliée si la suite des
temps amenait des relations nouvelles... [36]

Jean Dessaulles pensait de même. Dans sa lettre à
lord Aylmer, avant d'accepter d'entrer au Conseil législatif, n'avait-il pas exprimé son opposition au mode de
recrutement de ses membres ! Comme son beau-frère,
il aurait voulu qu'ils fussent élus et non nommés par le
gouverneur. Il en fait partie et, ainsi, il peut faire valoir
sans éclat mais avec ténacité et modération certaines des
idées que les *patriotes* expriment avec fougue, sinon avec
violence.

Quoi qu'il en soit, sa nomination à la Chambre haute
a un autre résultat appréciable pour le nouveau conseiller : elle ne se réunit pas souvent. Il en sera ainsi, tant
que d'un paraphe impérieux le représentant de la Reine
n'aura supprimé le Conseil législatif qui n'avait plus
guère d'utilité même si, à certains moments, il avait
empêché certains excès dans une Chambre basse jalouse
de son autorité.

En juin 1835, Jean Dessaulles meurt à l'âge de 69 ans,
comme on l'a vu.

Vers ce moment-là, la situation politique est devenue
inquiétante. *Les Quatre-vingt-douze résolutions* ont été
portées à Londres par Augustin-Norbert Morin, qui les a
remises à Denis-Benjamin Viger, agent du Bas-Canada
en Angleterre. Celui-ci est en relation avec des libéraux
en vue, mais ce ne sont pas eux qui mènent la politique
coloniale. Edward Ellice est beaucoup plus écouté [37].
Il est ministre, il a vécu au Bas-Canada où il s'est porté
acquéreur de la seigneurie de Beauharnois et il est resté
en relations avec les marchands de Montréal et de Québec. Puissants, ceux-ci ne veulent pas admettre la longue
plainte de la paysannerie. S'ils sentent l'exaspération des

gens qu'accentue la crise économique, ils ne veulent pas reconnaître l'urgence des mesures que demandent, à cor et à cris, ces culs-terreux dirigés par des parlementaires qui ont appris à connaître la vie politique et le jeu des partis en Angleterre.

Dans leurs journaux, les deux groupes se livrent à un dialogue de sourds. Il faut faire disparaître ces francophones de la surface de la terre, affirme Adam Thom dans le *Montreal Herald*. De leur côté, *Le Canadien* et les autres journaux français répliquent avec vigueur. Toupet dressé sur la tête comme la crête d'un coq, Louis-Joseph Papineau prononce sans retenue des discours à l'emporte-pièce qui ne peuvent pas ne pas mettre le feu aux poudres. Des deux côtés, on crée un climat de violence, par des propos virulents. À tel point que Papineau et quelques-uns de ses amis se rendent compte tout à coup qu'ils mènent leurs partisans à la catastrophe s'ils continuent sur ce ton. Ils essaient de temporiser, mais il est trop tard.

Madame Jean Dessaulles est inquiète de ce qu'elle constate autour d'elle. Elle écrit à son frère pour offrir l'hospitalité à sa belle-sœur et à ses enfants. Sa lettre montre comme les esprits sont montés et les passions déchaînées :

> J'ai écrit ce matin à Julie pour la presser de venir avec toute sa famille s'établir ici et la décider à y séjourner jusqu'à la belle saison et au-delà, si tes ennemis ne deviennent pas plus raisonnables. J'espère que tu me seconderas et que de ton côté tu feras tes efforts pour la décider à s'éloigner d'une ville où la licence est au point qu'on ne craint pas par les calomnies les plus exagérées de vous noircir dans l'opinion publique et où une bande de séditieux pousse l'exaspération et la haine jusqu'à mettre ta tête à prix — promettant le plus profond secret, l'impunité, l'aisance pour le reste de ses jours au premier scélérat qui aura voulu se charger de ce crime.

On la sent bouleversée. Elle voudrait que son frère éloigne sa famille de Montréal où est le centre de la lutte qui menace de se transformer en guerre civile.

Julie Papineau avait répondu à sa belle-sœur, dès février 1835 : « Quand le temps viendra, je me déciderai d'après le désir et la volonté de mon mari ». En 1836, elle n'a pas changé d'avis ; en 1837, au moment des troubles, elle est à Verchères chez ses parents et elle tombe malade. Pendant ce temps, ses deux fils sont au collège de Saint-Hyacinthe où la révolte gronde. La direction du Collège s'y oppose, mais certains professeurs, comme l'abbé Té-treau, sont assez favorables au mouvement qui commence de s'organiser [38].

* * *

Si la seigneuresse [39] n'est pas rassurée sur le sort de son frère et de sa famille, elle a des échéances pressantes. Elle lui demande d'intervenir à Québec auprès de la Maison de la Trinité, à qui elle doit sept cent vingt livres. Elle n'a pas d'argent pour faire ce premier versement et pour rembourser diverses autres dettes, au début de 1837. « Sans compter, ajoute-t-elle, les avances qu'il faudra continuer à faire aux moulins de la Cascade et de St-Pie ». Elle ajoute : ... « À mesure qu'on fait cinq soles, la scierie de Saint-Pie enlève tout ; ce mois-ci, on a consommé plus de 5,000, seulement pour la main-d'œuvre, sans compter les comptes de Montréal ; ma récolte a tout péri par la gellé. Je n'aurai pas le 1/4 des menus grains pour la maison... et j'en passe... » « Voici l'état de mes affaires », précise-t-elle dans une autre lettre du 30 octobre 1836, adressée à son frère qui n'a pas répondu à son cri d'alar-me : « £ 350 seront remboursables à la banque dans le cours de décembre, c'est-à-dire

£ 200 le 20 décembre ;
£ 150 le 30 décembre :
formant £ 8400

Je dois également à :

Gènevieve Drolet	£ 750, le 15 octobre.
	Ils ne sont pas encore demandés.
Madame Gauvreau	£ 3,350, le 3 janvier...
Héritiers Brunnette	£ 3,440, le 3 janvier
Veuve Morin	£ 288, le 7 janvier
La Maison de la Trinité	£ 720, le 17 janvier
Madame Gueront	£ 7,200, le 16 février
Madame Maillet	£ 198, en février
La veuve Bonnin	£ 60, en janvier
Héritiers Noiseux	£ 918, en mars
(Au total)	£ 22,324 ».

Si l'addition n'est pas exacte, elle indique les difficultés qu'a la châtelaine. Pour comprendre l'importance de la somme, il faut la multiplier par quatre, afin d'avoir l'équivalent en dollars non dépréciés.

Le seigneur voisin, avec lequel elle est apparentée, est riche, mais il ne veut plus rien avancer ou prêter. Il est vrai, note-t-elle, qu'il a déjà « fourni généreusement ». Les deux seigneurs ont des intérêts en commun, puisque Pierre Debartzch détient les trois huitièmes du moulin à farine ; mais l'époque n'est pas favorable aux emprunteurs et, par ailleurs, les prix montent sans arrêt. C'est la crise économique, avant la crise politique imminente.

Madame Dessaulles demande l'aide de son frère, mais il est lui-même assez gêné. Ainsi, le 2 avril 1834, tout en prenant des nouvelles de son beau-frère qu'il sait malade, il avait écrit : « Je ne saurai trop à quel saint me vouer pour négocier un emprunt s'il arrive que Mr Plamondon ait besoin du remboursement de ce que je lui dois. Les prêteurs sont bien rares, les emprunteurs bien nombreux. Et des considérations publiques me font désirer de cacher le plus possible, la gêne momentanée où je me trouve. Mes créanciers sont heureusement peu nombreux et ne risquent rien, s'ils peuvent attendre. Je pourrais les payer si j'avais le loisir de suivre mes affaires particulières, mais une si grande partie de mon temps est absorbé par les affaires des autres que les miennes en souffrent. Je te prie donc de savoir et de m'informer s'il est possible d'espérer que Mr. Plamondon puisse attendre à un meilleur avenir. Tout cela le plus discrettement possible. Si la nécessité y est je pourrai quand il le faudra laisser mon établissement actuel et en prendre un moins dispendieux ; mais il y a je pense de bonnes raisons de ne pas le faire encore. Tous ceux qui me doivent et ils sont en bon nombre se moquent quasiment de moi ; malgré cela j'ai une répugnance presqu'invincible à les poursuivre, les frais de cour sont si grands qu'ils ruinent le plus souvent ceux qui les souffrent, et j'aime mieux souffrir un peu que de faire beaucoup souffrir » [40].

Qui va prêter à la Seigneuresse, quand on n'est pas trop rassuré devant les troubles qui s'annoncent ? Dans sa lettre de fin octobre 1836, elle fait part à son frère d'un autre souci : « J'ai encore une autre inquiétude, c'est au sujet du feu ; il paraît qu'on a tenté de mettre le feu dernièrement chez M. Derouville et chez M. Soupras. On l'a mis chez M. Drolet. Si j'avais le malheur d'éprouver de nouveau un pareil accident, je serais bien pour ne m'en jamais relever. Il serait je crois plus prudent d'assuré la maison. Informe-toi donc à combien ça monterait ; ça ne devrait pas être bien cher, protégé comme nous le sommes par l'éloignement des voisins dans toutes les directions et quatre grands puits qui, en cas d'incendie, fourniraient promptement les moyens de l'éteindre. Informe-toi aussi du prix pour les moulins.

« Je souffre de rhumatisme qui m'a mis la tête en compotte pendant quinze jours. Il n'y reste que l'inquiétude que je ne sais pas trop comment en sortir ». Cela suffirait à rendre malade un être plus jeune. Or, en 1836, elle a quarante-huit ans.

Être seigneuresse et garder bien peu de chose pour soi n'était pas une solution valable à cette époque, pas plus qu'elle ne l'est à la nôtre. C'est ce que la dame au grand cœur constatait en un moment particulièrement difficile. Elle ne perd pas courage, cependant, car elle est combative ; mais elle souhaiterait que son frère lui vînt en aide. C'était beaucoup demander à un homme qui se débattait au milieu des pires difficultés.

* * *

Les troubles ont lieu à la fin de 1837 (en pleine crise économique). En 1839, la situation générale ne s'est pas améliorée. Madame Louis-Joseph Papineau la décrit ainsi à son mari [41], dans une lettre du 4 mars 1839 : « Joseph Masson insiste pour être payé par Benjamin, me dit ta sœur. Elle dit que l'état des affaires est affreux, que les gens veulent être payés et que personne ne paye, que les propriétés n'ont aucune valeur, que personne ne veut s'embarrasser de biens-fonds plus qu'ils n'en ont, que si cet état de chose dure encore un ou deux ans, les familles les plus aisées seront réduites à la misère. » On sent les deux belles-sœurs affreusement inquiètes.

La succession Dessaulles est *property rich*, comme on dira au siècle suivant des anciens seigneurs de Montréal à une époque où ils auront beaucoup de propriétés, mais peu d'espèces sonnantes et trébuchantes.

Louis-Joseph Papineau a-t-il pu aider sa sœur à résoudre ses difficultés financières ? Il ne nous a pas été possible de le savoir, car, à partir de 1837, il y a un certain vide dans la correspondance entre Mme Jean Dessaulles, sa belle-sœur et son frère. Il y a sûrement eu des lettres. Ont-elles été égarées ? Sont-elles dans des archives privées ? Ont-elles disparu ou certaines ont-elles été mises en lieu sûr ou détruites ? On ne semble pas le savoir. L'échange — ce qu'on en connaît tout au moins — reprend en janvier 1838. La poste n'est pas sûre ; mais les lettres sont apportées par des amis qui acceptent de les remettre au destinataire. C'est le cas, par exemple, de Joseph Masson qui en remet à Louis-Joseph Papineau quand il va voir, à Paris, sa fille mariée à Hector Bossange, prédécesseur du libraire Fabre à Montréal.

* * *

Par ailleurs, un jour de 1839, Marie-Rosalie Dessaulles voit avec stupeur qu'une traite signée par elle, à la suite d'un emprunt fait à la Banque du Peuple, lui revient pour encaissement par la Banque de Montréal. Elle s'en étonne à son frère Louis-Joseph, à qui elle écrit en France. Pour comprendre, il faut savoir que la Banque du Peuple a été fondée par Louis Viger et Jacob Dewitt, à la suite d'une lettre pressante adressée par Louis-Joseph Papineau aux chefs *patriotes*, vers 1834. Déjà il envisageait la révolution mais, tout en la reportant à plus tard, il voulait lui donner un organisme bancaire pouvant permettre de financer l'État nouveau, une fois les opérations militaires terminées. La rébellion ne donna pas le coup de mort à la Banque, puisqu'elle occupe en 1847 l'immeuble où la Banque de Montréal était logée, avant de déménager à la Place d'Armes. Elle résistera plusieurs années, puis elle disparaîtra après avoir eu une succursale à Saint-Hyacinthe en particulier. À l'encontre de sa puissante rivale, elle n'avait pas la clientèle du gouvernement britannique pour qui le soulèvement de 1837 fut une excellente affaire, même s'il fallut mettre quelques fonds à l'abri en les transportant à Québec en attendant que le calme revienne. Comme l'écrit Merrill Denison dans son *Histoire de la Banque de Montréal*, les troupes nouvelles et la mise sur pied de la milice furent une nouvelle source d'argent pour la vieille dame de la rue Saint-Jacques, qui recevait dans son tablier les sommes que le gouvernement jetait ensuite aux quatre vents pour payer les frais d'une troupe réunie en hâte.

* * *

Depuis le début de 1837, les événements se sont précipités dans la région de Montréal. Le 11 octobre, au lendemain de l'assemblée de Saint-Charles, on a conseillé à Louis-Joseph Papineau de fuir. Il s'y résigne vers le 13 novembre quand le général Colborne fait émettre un mandat d'arrestation contre lui [42]. Avant de partir, il se rend à Saint-Hyacinthe chez sa sœur, pour lui faire ses adieux et pour voir ses deux fils qui sont au collège. Confite en dévotions et bonnes œuvres, mais toujours prête à agir, celle-ci n'hésite pas à faciliter le départ de son frère. Elle sait qu'il ne peut rester au manoir où les soldats perquisitionneront dès qu'ils le pourront. Elle le confie tout simplement à des amis qui le conduiront à la frontière. Dans un article bien documenté, M. Jean Bruchési donne quelques précisions sur le trajet que suit le fugitif [43] : « Sa tête mise à prix, Papineau hésitait encore à fuir aux États-Unis, comme on l'en pressait de toute part. Finalement, il s'y résolut. Par Saint-Césaire et Saint-Georges, il gagne la Baie Missisquoi qu'il traversa en chaloupe, la nuit, et où il faillit se noyer avant d'atteindre la rive américaine, non loin de Swanton». Il va à Albany d'abord où l'accueille un personnage officiel, M. Porter, greffier en chancellerie de l'État de New-York, qu'il a connu au Canada. Malade à Verchères, sa femme ne l'y rejoindra que quelques mois plus tard. C'est de là qu'il parcourra vainement une partie du pays, [44] en cherchant à convaincre les Américains de venir à la rescousse des insurgés du Bas-Canada. Il y renoncera devant l'insuccès de ses démarches. Comme l'écrit M. Jean-Jacques Lefebvre dans *La vie sociale du Grand Papineau* [45], « la nouvelle, inutile et folle levée d'armes de novembre 1838, dirigée par le docteur Robert Nelson, alarma les autorités américaines, et le président Van Beuren lança une proclamation de neutralité ». Dans une lettre à son mari datée du 1ᵉʳ mai 1838, Julie Papineau décrit le retour à Montréal de Nelson, fait prisonnier après sa mésaventure de 1838 : « Tous les jours nous apportait des nouvelles affligeantes, entre autres l'arrestation de quelques fugitifs pris et emmenés liés et garrottés et entrés dans la ville au milieu de leurs féroces ennemis exposés aux huées et vociférations de la canaille étrangère qui leur faisait voir des cordes et des échafauds. On dit que c'était horrible de les voir et de les entendre, mais ce qui m'a le plus atterrée c'est qu'on a appris qu'ils s'étaient emparés du célèbre et malheureux Nelson et qu'on lui fesait dire à son arrivé à M. qu'il t'avait laissé dans le bois, que vous aviez pris une route différente... ». Elle n'est rassurée que quand elle reçoit une lettre de son mari. Dans l'intervalle, elle « retombe plus malade... », dit-elle. On la sent bouleversée, complètement affolée devant ces événements où se jouent le sort de son mari et l'avenir de sa famille.

Devant l'attitude des Américains, il ne restait plus à Louis-Joseph Papineau qu'à partir. À la fin d'août 1839, il s'embarque pour Le Havre, avec l'intention d'intéresser les Français aux événements du Bas-Canada et, peut-être, de les gagner à intervenir. Sa famille le rejoindra en France, sauf son fils Amédée resté à Saratoga Springs pour compléter ses études de droit.

* * *

Amédée Papineau a eu lui-même quelques émotions à la suite des événements de novembre 1837. Se sentant menacé, il s'est rendu chez sa tante Dessaulles, protectrice des affligés. « Tante, écrit-il, (est) bonne comme un ange, mais elle est aussi une maître-femme [sic] et une Papineau. » À la suite d'un conciliabule entre le directeur du collège de Saint-Hyacinthe, Monsieur J.-C. Prince, et la seigneuresse, il fut décidé qu'on expédierait d'urgence à la frontière le neveu du directeur et celui de la châtelaine, étant donné les opinions qu'ils avaient exprimées et les événements auxquels ils avaient participé [46]. Il fallait agir vite, car la troupe bivouaquerait au collège [47] et les officiers seraient sans doute logés au manoir, chez madame Dessaulles. Ils y vinrent, en effet. Elle les accueillit sinon avec le sourire — car ils succédaient à des rebelles à qui on avait donné l'hospitalité [48], après la bataille de Saint-Charles — du moins gracieusement comme elle savait le faire.

Il y avait aussi son fils Georges-Casimir qui avait cru bon de quitter Saint-Hyacinthe pour se réfugier à la Petite-Nation. Elle en est très inquiète. Ainsi, dans une lettre à sa belle-sœur le 13 janvier 1838, elle exprime ainsi son anxiété : « Je tremble à tout instant que Georges n'arrive, un *warrant* (a été émis) contre lui ; on le guette ici et à Montréal pour l'encagé de nouveau ». Si le style est familier et l'orthographe peu respectée, on sent la mère bouleversée par ces événements qui menacent sa famille.

Pendant ce temps, ignorant le rôle joué par son subordonné et sa pénitente — Mgr Bourget écrit à Monsieur Prince, qui devait rire sous cape : « Je suis bien aise que la respectable madame Dessaulles n'ait pas eu à souffrir des incartades de son frère » [49]. S'il eut su qu'un des directeurs du Collège avait préparé avec la seigneuresse la fuite de son neveu, il n'aurait pas envoyé cette lettre, lui, qui, avec Mgr Lartigue, s'était élevé si vigoureusement contre le soulèvement. N'avait-il pas écrit quelque temps auparavant à un de ses curés que les rebelles tués les armes à la main ne devaient pas être enterrés en terre sainte [50] ; ce qui était odieux. Dans son for intérieur, il aurait accepté sans doute que Marie-Rosalie Dessaulles vienne en aide à son frère et à son neveu parce qu'il était à la fois humain et rigide dans ses relations avec ses ouailles, mais il n'aurait pas voulu reconnaître le geste de la châtelaine et du directeur du collège dans une de ses lettres. Pour lui, l'insurrection était une folie. Il l'avait écrit et il avait fustigé, avec la plus grande énergie, ceux qui y avaient pris part, à l'exemple de son évêque, Mgr Lartigue, dont il était le coadjuteur.

Le Collège reçut la visite des troupes qui cantonnèrent dans la salle et la cour de récréation, après la bataille de Saint-Charles. On ne constata rien d'anormal dans l'ensemble, même si quatre des élèves étaient les fils des patriotes incriminés dans la rébellion et si beaucoup d'autres avaient manifesté leur enthousiasme bruyamment devant les premiers succès de l'insurrection. Il faut voir comment par la suite le chanoine Choquette, historiographe du Collège, croira bon de blanchir le personnel du Séminaire [51]. Pour qu'on en juge, voici un extrait d'un long texte sur le collège et la rébellion qu'il fit paraître dans la *Revue Canadienne* d'abord, puis, dans son livre sur le Séminaire. La question lui paraît grave. Dans son article, on sent qu'il plaide une cause aussi bien auprès du clergé que de l'évêque et du milieu : « Les directeurs du collège, messieurs J.C. Prince, Joseph LaRocque et Joseph-Sabin Raymond, seuls membres de la corporation, seuls responsables de la politique de la maison, n'ont jamais encouragé la rébellion ; je l'affirme positivement et l'on me croira sans peine ».

Les directeurs avaient charge d'âme, et il est normal qu'ils aient retenu leurs élèves sur la pente facile de l'enthousiasme et de la participation aux événements, même s'il a fallu préparer subrepticement le départ des plus engagés ou des plus ardents. Pour le faire, comme on l'a vu, on est venu chez la seigneuresse qui, en femme d'action, a facilité la fuite vers le pays voisin, où se retrouvèrent bientôt Louis-Joseph Papineau, Wolfred Nelson, Lyon Mackenzie — le fomentateur des troubles dans le Haut-Canada — le docteur O'Callaghan et plusieurs autres. Du départ précipité des deux garçons, le chanoine Choquette ne parle pas. C'est par le journal d'Amédée Papineau qu'on en apprend les détails.

Dès janvier 1838, Madame Dessaulles a des nouvelles de son frère, qui lui écrit d'Albany, où il s'est réfugié après avoir passé la frontière.

Par la suite, la seigneuresse entretient une correspondance irrégulière, mais assez fréquente, avec son frère et sa belle-sœur, à qui elle donne des nouvelles de la famille et de leurs amis. Elle tient le coup, comme on dit familièrement, jusqu'au moment où très ennuyée par des perquisitions répétées et outrée par le sans-gêne d'un officier qui vient habiter chez elle avec sa maîtresse, elle décide de quitter le manoir pour un an.

*   *   *

Que de gens sont malades ou meurent autour d'elle. Elle en parle dans ses lettres, ainsi que de la situation politique, comme le font certains de ses amis ou parents, les Viger, les Cherrier, très mêlés aux événements. C'est ainsi que, par cet échange de correspondance heureusement conservée, on a des détails que l'on ne trouverait nulle part ailleurs. Un jour, la petite-fille de Marie-Rosalie Dessaulles écrira, sous le pseudonyme de Fadette, dans une de ses chroniques hebdomadaires au *Devoir* : « Figurez-vous une longue malle étroite et basse, couverte de peau de bête non épilée mais bien usée ; elle a de vieilles serrures solides et une clef énorme qui fait rêver de trésors difficiles à garder.

« Et ce sont des trésors, en effet, ces vieilles lettres jaunies dont un grand nombre sont centenaires. Et il y en a de ces lettres, le vieux coffre en est rempli ! Lettres d'amis, de parents, voire même de bons serviteurs qui écrivent à la maîtresse au cours d'une absence. Ces dernières ne sont pas les moins curieuses ; écrites d'après le son, les mots s'enfilent les uns aux autres ; il faut lire vite, vite : si on arrête pour respirer, c'est fini, on ne s'y retrouve plus, on a perdu la centaine.

« Il y a d'amusantes lettres de vieilles demoiselles dont la mission semble être de tenir la famille au courant des nouvelles, et les familles sont grandes, les naissances nombreuses, les mariages aussi, et les plumes s'effilent et écrivent en une grande écriture difficile à lire, parce que les s imitent les f, que c'est du vieux français, et qu'on a tant à dire qu'il faut bien se hâter afin de ne pas manquer l'occasion. » [52]

* * *

Après avoir été calamiteux, les événements se révéleront politiquement valables quand les Anglais — hommes de compromis, ceux d'Angleterre tout au moins — auront compris qu'il fallait faire quelque chose pour calmer l'opinion. C'est alors qu'ils délèguent lord Durham, avec pleins pouvoirs pour tirer la situation au clair, calmer les esprits et préparer une évolution politique rendue nécessaire par les heurts entre les groupes. Grand seigneur, Durham vient avec ses meubles et son équipe. Il fait enquête et repart quand on le blâme pour l'amnistie qu'il a accordée. Honni par bien des gens qui ne l'ont peut-être pas lu, son rapport, qu'il remet au gouvernement quelques mois après son retour en Angleterre, servira de base à l'élaboration d'un nouveau régime politique centré sur la responsabilité ministérielle et qui entrera en vigueur en 1840.

Louis-Joseph Papineau avait voulu l'évolution politique ; mais il ne prend aucune part au régime nouveau parce qu'il ne revient à Montréal qu'en 1847. De France, il réagit violemment au *Rapport Durham* et, surtout, à l'influence exercée sur son auteur par son vieil ennemi, Adam Thom, le directeur du *Montreal Herald*, qui voulait faire disparaître les Canadiens — cette racaille — de la surface de la terre ! À Paris, en 1839, Papineau fait paraître la première partie d'une *Petite histoire de l'insurrection du Canada,* dans laquelle il vitupère contre Durham, « dictateur plus faux et non moins vindicatif que Colborne ». Son texte paraît également dans la *Revue Canadienne,* momentanément publiée à Burlington dans l'État du Vermont, où se trouve Ludger Duvernay, en exil lui aussi. Il sera réédité à Montréal près d'un siècle et demi plus tard, après un long séjour sur les tablettes parmi les pages oubliées. Louis-Joseph Papineau y affirme avec force « ... aucun de nous n'avait préparé, voulu ou même prévu la résistance armée. Ce n'est pas que l'insurrection n'eût été légitime, mais nous avions résolu de ne pas y recourir encore. C'est ce que nos papiers saisis ont appris à un gouvernement, calomniateur pour être persécuteur. »

Petit à petit, le silence se fait autour de Louis-Joseph Papineau car les gens oublient ou pensent autrement. Dans la famille même, certains ne partagent pas ses opinions et ne se gênent pas pour le dire.

Denis-Benjamin, par exemple, s'est opposé aux idées de son frère qu'il n'a pas suivi dans son aventure. Julie Papineau en parle à son mari dans une lettre qu'elle lui envoie le 10 juillet 1845. « Ah ! dans votre famille, écrit-elle, vous aviez fait une réputation à votre Benjamin, qu'il a fortement démentie depuis qu'il est en scène... C'est un homme faible, préjugé, à vue étroite, mais ce qui m'a le plus surpris, c'est sa présomption ; il croit qu'il est aussi habile politique que toi et il dit que si tu avais suivi ses avis, toi et le Pays en serait mieux. C'est la même chose de M. Côme » (Cherrier sans doute) [53]. Cousin de Louis-

Joseph Papineau, Côme Séraphin Cherrier est un avocat très en vue à l'époque. Il fut député de Montréal du 22 novembre 1834 au 27 mars 1838. Tout en appuyant son cousin à la Chambre, il avait pris une attitude contraire au moment des assemblées de Saint-Laurent et de Saint-Constant, en « conseillant aux électeurs de s'en tenir aux moyens constitutionnels » [54]. Il rejoignait ainsi les vues exprimées par Étienne Parent à Québec, dans *Le Canadien*.

Julie Bruneau-Papineau ajoute dans sa lettre : « Ton frère est parti pour le Nouveau-Brunswick, pour deux mois, envoyé par le gouvernement, le cher homme est faible et puis Anglais, ainsi que M. Viger, ils ne peuvent entendre loués ni les Français ni les Américains, ils sont engoués de tout ce qui est Anglais ». Ce qui en dit long sur les difficultés et les heurts familiaux avant et après les troubles politiques.

Parmi ceux qui reprochent sa conduite à Louis-Joseph Papineau, il y a aussi ceux que le départ et le silence du tribun ont ulcérés. C'est le cas, par exemple, du curé de la paroisse Saint-Benoît, l'abbé Étienne Chartier, qui a poussé ouvertement ses ouailles à la révolte malgré son évêque, Mgr Lartigue. Il a dû faire amende honorable auprès de son successeur, Mgr Ignace Bourget, qui n'aimait pas ce genre d'initiative dans son clergé. Aussi l'évêque l'aiguilla-t-il vers une cure lointaine, en guise d'expiation. L'exil a dû lui être pénible puisque, quelques années plus tôt, il avait dirigé le collège de Sainte-Anne-de-la-Pocatière ; sans doute a-t-il ressenti profondément l'humiliation, conséquence de ses *frasques* aux yeux de l'évêque au grand cœur, mais aux durs jugements et châtiments.

En novembre 1839, le curé Chartier écrivit une longue lettre à Louis-Joseph Papineau qu'il croit à St-Albans ; il n'est pas tendre pour celui qu'il a tant admiré et appuyé [55], avant de se tourner vers Wolfred et Robert Nelson et les récidivistes.

Dans le volume 4 de son journal (pp. 777 et 778), Amédée Papineau étrille vigoureusement l'abbé. « M. l'abbé Étienne Chartier, d'illustre mémoire, l'un des réfugiés et des proscrits de 1837, le seul prêtre canadien qui se déclara noblement et ouvertement un ami des Droits de l'Homme et qui eut en conséquence la gloire de devenir l'un des confesseurs de la foi démocratique ; ce même Messire Chartier qui passa ici il y a quelques semaines en route pour le Canada où il disait aller pour faire ses adieux, et revenir bientôt se faire moine à Baltimore ; ce même Messire Chartier désireux qu'il est aujourd'hui de demeurer au Canada et d'y faire sa paix avec les autorités civiles et religieuses, vient de s'y couvrir de honte par la plus indigne confession et apostasie publique. Il l'a mise en forme de lettre adressée à l'évêque Bourget qui l'a fait publier dans les journaux, en y ajoutant la promesse d'une autre qu'il doit prochainement adresser à ses anciens paroissiens de St-Benoît (Grand Brûlé). Si cet homme s'était contenté de dire que, comme prêtre, il n'aurait jamais dû se mêler de politique, je ne le blâmerais pas ; mais lorsqu'il passe ces bornes, et devient un lâche apostat, affectant de jeter le ridicule sur le principe de la Souveraineté du Peuple, je le déclare un ignorant, un sot ou un coquin. »

Pour comprendre la violence du propos, il faut se rappeler l'âge d'Amédée et qu'à cette époque l'injure était de règle.

* * *

Les années passent. Il faut vivre. Certains — même parmi les plus engagés comme La Fontaine et Augustin-Norbert Morin — décident de faire face à la situation politique créée en 1840 par l'union des deux Canadas. Ils collaborent avec le régime, après l'avoir attaqué. Peut-on le leur reprocher ? Non, car ils le font pour leur groupe aussi bien que pour eux-mêmes. Ils ont secoué les colonnes du temple, mais sans réussir à les faire tomber ; ils ont menacé de tout briser, mais ils ont obtenu indirectement par la violence une structure politique nouvelle. Si l'Angleterre s'est gardé le moyen d'intervenir, elle n'a pas conservé l'emprise antérieure. Elle a accordé la responsabilité ministérielle, qu'on avait demandée à cor et à cris ; on peut en tirer une œuvre positive. La formule nouvelle est valable si on la considère comme une étape même si elle s'accompagne de certains abus comme la dette du Haut-Canada répartie à parts égales entre des populations inégales. Des partis se forment qui vont mener le pays ou l'essaieront tout au moins. Et ainsi, pourront être adoptées des mesures utiles. Il y a là une solution qui nous paraît acceptable avec le recul du temps, mais que seul un milieu politique évolué avait pu imaginer en Angleterre : lieu d'un conservatisme qui, souvent, n'obéit qu'à la force. Or les sujets du Bas-Canada sont nombreux, ils votent et ils peuvent se jeter dans les bras des Américains. Il appartient à leur équipe politique de tirer le meilleur parti possible d'un régime qui est une nouvelle phase vers l'indépendance du pays, même si elle inquiète ceux qui craignent d'être noyés dans une immigration massive. Certains — comme Étienne Parent — en resteront marqués toute leur vie.

Chez les francophones, qui mènent les groupes politiques ainsi formés ? La Fontaine, Cartier, Morin — anciens rebelles assurément, mais prêts à s'adapter. Ils veulent conquérir pacifiquement ce qu'antérieurement ils ont cherché à avoir par des discours violents, des pétoires, des fusils de chasse et des armes sans valeur, dans un lamentable manque d'ordre et de prévision. Malgré cela, ô miracle, ils ont obtenu une évolution politique même si la formule leur paraît injuste sous certains aspects et si certains ont payé de leur vie le résultat obtenu. Quand Papineau, rebelle impénitent — toupet dressé sur la tête et les joues garnies de pattes de lapin — reviendra d'exil en 1847, il sera réélu député, mais il se rendra compte qu'il est dépassé.

Il y aura encore des heurts très graves entre les groupes ethniques de Montréal quand, après son retour, on accordera à Papineau une indemnité de parlementaire exilé et quand Lord Elgin fera passer une loi pour indemniser les victimes de l'insurrection. Il y aura des troubles fomentés par un autre groupe. L'immeuble abritant la Chambre à Montréal sera la rançon ; il brûlera comme une torche en 1849. Pour assurer la paix, la reine Victoria décidera que la capitale du Canada-Uni ne sera ni à Montréal, ni à Québec, ni à Kingston, ni à Toronto, mais au confluent de trois rivières, l'une qui est un filet d'eau transformé en canal vers 1812 pour relier le Haut et le Bas-Canada, à l'écart du fleuve Saint-Laurent trop exposé aux attaques des Américains du Sud. Plus tard, le cours d'eau servira aux yachts de plaisance et à la culture des nénuphars quand son utilité militaire aura disparu. La seconde rivière, l'Outaouais, a été utilisée pendant longtemps pour les trains de bois de Philemon Wright, et, plus tard, pour ceux de Joseph Papineau et de quelques autres, puis, pour le transport entre Ottawa et Montréal avant que le chemin de fer ne relie les deux villes. La Gatineau était le troisième cours d'eau, face à Bytown. Ainsi appelé à cause du colonel By, le bourg deviendra Ottawa, lieu des délices officielles. La capitale sera là, dit la Souveraine en pointant un index décidé sur la carte. Et la capitale y fut, même si, en dehors de son conseiller, Sir Edmund Head, tout le monde protestait. À une époque où on ne plaisantait pas avec les décisions de la Reine, les travaux furent mis en marche et, après bien des avatars, à la veille de la Confédération, les services vinrent s'installer à côté du canal Rideau, face aux Laurentides.

* * *

Pendant tout ce temps, Madame Jean Dessaulles vit une vie moins agitée. Devant les mouvements de troupes, les perquisitions, l'atmosphère d'hostilité qu'elle sent autour d'elle à la suite des troubles, elle décide de quitter son manoir, comme on l'a vu. Elle se réfugie chez son frère Toussaint qui est curé dans la région. Elle sera absente un an ; puis elle reviendra à Saint-Hyacinthe dans sa grande maison, qui est le cadre de sa vie et de ses préoccupations matérielles. Il y a les censitaires qu'il faut faire payer — et pas plus qu'à la seigneurie de la Petite-Nation — ils ne se hâtent de verser le cens auquel ils seront encore tenus, tant qu'on ne les en aura pas libérés [56]. Il faut être là à l'automne pour les voir défiler devant le scribe chargé de l'encaissement, comme, durant la semaine de Pâques, les ouailles de M. le curé se rangent devant le confessionnal [57]. Il faut aussi surveiller le commerce du bois et le moulin banal. Or une femme seule n'est pas indiquée pour faire rentrer pistoles et multiples autres pièces qui ont encore cours, en attendant les dollars qu'on commencera de voir circuler quand le Canada-Uni battra monnaie, à partir de 1858 [58]. Pour cela — quelle horreur, la colonie se séparera de l'Angleterre, en adoptant le système décimal du pays voisin, tout en faisant une entente de réciprocité avec lui ; elle durera tant que la guerre entre le Nord et le Sud n'en entraînera pas l'annulation.

Il y a aussi les gueux, les miséreux, les malades de la région, qui se présentent à la porte du manoir et que la seigneuresse accueille en petite sœur des pauvres, comme le fait Madame Gamelin vers la même époque, en attendant que l'évêque Bourget, cet extraordinaire animateur que l'on aime ou que l'on déteste, ne les aide à fonder une communauté : point de départ des Sœurs de la Providence. Madame Jean Dessaulles ne va pas jusque-là. Elle se contente de réunir des dames en une société de bienfaisance, de recevoir les pauvres et les vieux, comme s'ils étaient les envoyés de Dieu. Dans la famille, on a gardé le souvenir de deux d'entre eux, en particulier. Le premier s'appelait Justin McCarthy. Au séminaire de Québec, il avait reçu une formation qui lui avait permis de devenir arpenteur-géomètre, même si, selon son condisciple, Philippe Aubert de Gaspé, ses études avaient été bien négligées parce que, mauvaise tête, il était souvent à contre-courant comme, dans chaque classe, on trouve des contestataires. Certains réussissent par la suite, parce qu'un jour une femme les a pris bien en main, parce qu'ils sont touchés par la grâce ou, encore, parce qu'ils ont un goût soudain pour une science, un art, un mode de vie où leur indépendance d'esprit fait merveille. D'autres disparaissent sans bruit, parce qu'ils sont paresseux ou incapables de s'adapter. Justin McCarthy, lui, sombre dans l'alcool. Rentrant à Québec à cheval, un soir, Philippe Aubert de Gaspé faillit écraser une forme étendue sur le sol. C'était Justin McCarthy qui, retrouvant l'usage de la parole, lui dit en latin : « Sub tegmine fagi ». Le pauvre hère et son père ayant rendu quelques services à la famille Dessaulles au cours d'un travail d'arpentage qu'on leur avait confié, la seigneuresse l'accueille dans son manoir, où habitent déjà quelques cousines impécunieuses, comme il y en avait dans toutes les familles. Elles aident à élever les enfants et à tenir la maison. À Saint-Hyacinthe, elles secondent aussi Madame Dessaulles dans ses bonnes œuvres.

Parmi ces pensionnaires du Bon Dieu et de Marie-Rosalie Dessaulles, il y a aussi le peintre Louis Dulongpré. Ses portraits feront prime au siècle suivant, mais, pour l'instant, il est pauvre comme Job et malade. La seigneuresse l'accueille parce qu'il est un ami de son père et, aussi, parce que ses deux filles, vivant aux États-Unis, ne s'en occupent guère [59]. Il y a bien des années, après la guerre de l'Indépendance, il est venu dans ce Bas-Canada où l'on parlait français. Il y est resté et, un jour, il y fait souche en épousant une Canadienne. Il s'adonne à bien des choses avant de venir à la peinture. Il enseigne le dessin et la musique dans un milieu où on l'aime, mais où on ne la pratique guère, sauf dans certaines familles de Montréal et de Québec. Puis, il s'est fait peintre devant l'engouement de certains pour les portraits à l'huile qu'on demandait à quelques peintres locaux, devant ces curés aussi qui n'avaient pas encore appris à s'adresser à des badigeonneurs italiens et, peut-être, à l'instar de son ami Wilhelm Von Berczy, Allemand venu s'installer à York puis à Montréal, après quelque temps passé en prison pour dettes à la suite d'une infructueuse entreprise de colonisation dans le Haut-Canada. Berczy et lui avaient sympathisé tout de suite ; silencieusement Dulongpré avait écouté ce diable d'homme qui parlait de statistiques, de relevés démographiques, qui comptait les veaux, les vaches, les cochons, les fils et les filles des culs-terreux de la colonie du Bas-Canada. Vers le même moment Berczy étudiait l'histoire du Hanovre au Moyen Âge et il faisait de la peinture religieuse ou profane quand on le lui demandait. Il y a de lui, dans l'église de Vaudreuil, une toile qui représente saint Michel, patron de la paroisse et, tout à côté, une œuvre de Dulongpré. Mais est-ce vraiment l'exemple de son ami qui a poussé Dulongpré vers la peinture ou l'occasion et ses goûts personnels, auxquels il s'était livré sans discuter, avec une formation bien élémentaire il est vrai ? Comme l'a dit le fabuliste : « Au pays des aveugles, les borgnes sont rois ». Il devint donc peintre. Plus tard, Plamondon, Hamel et Huot iront se former en Europe ; lui en venait. Il acquiert rapidement une façon de faire qui ne tient pas du génie, mais qui est valable. Comme son ami Berczy, il portraiture tous ceux qui le désirent ; ils sont légion dans cette bourgeoisie naissante qui, déjà, est assez snob. On estime que, pour sa part, Dulongpré est l'auteur de trois mille portraits d'après les uns, de quatre mille affirment les autres, plus modéré, Gérard Morisset parle de trois mille cinq cents. Sans préciser davantage, on peut affirmer que sa clientèle a été nombreuse, sinon généreuse. Aussi a-t-il vécu au jour le jour, sans plus. Parmi ses modèles, il y a eu Joseph Papineau, Jean et Marie Dessaulles, leur mère, Rosalie Cherrier et ces professeurs du séminaire dont les portraits tristes ou sévères garnissent les murs du vieux collège. Un jour, Dulongpré fit le portrait de son ami, Joseph Papineau, en cachette, car celui-ci ne voulait pas succomber au goût du jour. Par coquetterie peut-être, devenu vieux, il ne voulait pas qu'on gardât le souvenir de ses traits ravinés, burinés par l'âge et de ce nez qui lui dévore la face : cap ou péninsule, dira Edmond Rostand plus tard à propos de Cyrano de Bergerac. Ses enfants et son vieil ami veillaient ; tout en le visitant, comme le note Louis-Joseph Papineau dans une de ses lettres, ou en jouant aux échecs ou au trictrac avec son modèle, Dulongpré fixait ses traits dans sa mémoire. Revenu chez lui, il peignait un portrait que le successeur de tous les vieux ennemis politiques de Joseph Papineau — les Craig, les Sewell, les Rylands, c'est-à-dire l'État — achètera d'une de ses descendantes au siècle suivant.

Dulongpré fait aussi le portrait de Marie-Rosalie Dessaulles, son hôtesse de Saint-Hyacinthe. Il la peint comme il la voit, sans ménagement. Quand saint Pierre le vit arriver devant la grande grille du paradis en 1843, il l'envoya sans doute au purgatoire en lui disant : « mon fils, va expier ta faute d'avoir présenté notre fille, Marie-Rosalie, un peu sous les traits d'une fée carabosse ». Car, hélas, la peinture est dure pour la seigneuresse. Elle a vieilli, le nez lui dévore la face, comme pour son père. Et puis, l'âge n'a pas été tendre pour elle : elle a grossi sans grâce ; elle est vêtue sans coquetterie, même si elle porte des dentelles et une de ces coiffes gracieuses que les peintres de l'époque réussissent à merveille. Peut-être Dulongpré a-t-il été tenté de répondre comme Michel-Ange, à qui on reprochait de ne pas faire ressemblant : « Dans dix siècles, qui les reconnaîtra ? »

La petite-fille de Marie-Rosalie Dessaulles, Madame F.L. Béique, raconte une scène qui montre jusqu'où sa grand-mère poussait la générosité. Après sa mort, quand on chercha une chemise propre dans la grande armoire où était la réserve de la maison, comme dans toute famille bourgeoise, on se rendit compte qu'il n'y en avait que deux. La vieille dame les lavait elle-même pour qu'on ne s'en aperçût pas ; tout le reste avait été donné. Et c'est ainsi que mourut en odeur de bonté, le 5 août 1857, Marie-Rosalie Dessaulles, seigneuresse de Saint-Hyacinthe en titre, tout au moins, car, avec son assentiment, son mari avait laissé le domaine à son fils aîné Louis-Antoine, quitte pour lui à indemniser ses frère et sœur d'un tiers de la « juste estimation », comme en fait foi un certificat d'enregistrement daté du 6 juillet 1847 [60].

* * *

En 1852, d'un commun accord et malgré le testament de leur père, les intéressés décidèrent de diviser la seigneurie initiale en trois parties : Dessaulles propre, Rosalie et Yamaska, chacun en retenant une à son nom. On verra mieux pourquoi un peu plus loin.

Chargé de donner une valeur officielle aux domaines seigneuriaux, à la suite de l'*Acte Seigneurial de 1854*, le commissaire Henry Judah en déterminera l'estimation.

Voici ce qu'il fixa pour le premier domaine, dit seigneurie Dessaulles propre, dans son certificat daté du 15 janvier 1859. Elle est ainsi nommée pour la distinguer des deux autres, créées à même la seigneurie originale divisée, comme on s'en souvient, entre Pierre Debartzch pour les trois huitièmes et Hyacinthe-Marie de l'Orme pour les cinq huitièmes [61] :

Valeur des cens et rentes		$ 46,037.16
Valeur des lods et ventes		$ 51,410.83
Valeur du manoir et du domaine		$ 10,000.00
Valeur du moulin banal	$28,000.00	
à distraire 3/8è possédé par		
Dame Rosalie Caroline Debartzch —		
épouse de Samuel Cornwallis		
Monk	$ 10,500.00	$ 17,500.00
Valeur totale		$124,947.99

Le certificat de Henry Judah est corrigé le 29 mai 1861 par un jugement rendu par les commissaires-réviseurs, qui répartissent ainsi le paiement des lods, ventes et droits de banalité [62] :

Une somme annuelle de trois mille deux cent une piastres et cinquante centins est accordée au seigneur de cette seigneurie, comme indemnité pour la perte lui résultant de l'abolition du droit de lods et ventes dans la dite seigneurie, au lieu de la somme de trois mille quatre-vingt-quatre piastres et soixante-cinq centins accordés originairement au dit seigneur, pour l'abolition du dit droit de lods et ventes, par le commissaire chargé de la confection du dit cadastre.

Une autre somme annuelle de trois cent soixante piastres est accordée à l'Honorable Louis-Antoine Dessaulles et à l'Honorable Samuel Cornwallis Monk et Dame Rosalie Caroline Debartzch, son épouse, dans les proportions suivantes, savoir : cinq huitièmes de la dite somme, savoir : deux cent vingt-cinq piastres au dit Honorable Louis-Antoine Dessaulles, et trois huitièmes de la dite somme, savoir : cent trente-cinq piastres au dit Honorable Samuel

Cornwallis Monk et son épouse, comme indemnité pour la perte leur résultant de l'abolition de leur droit de banalité et de droit exclusif d'avoir des moulins dans la dite seigneurie ; les dits Honorables Louis-Antoine Dessaulles, Samuel Cornwallis Monk et Rosalie Caroline Debartzch, étant copropriétaires du droit de banalité de cette seigneurie dans les proportions ci-dessus indiquées.

La valeur du bled payable au seigneur de cette seigneurie par les censitaires d'icelle, comme cens et rentes, est fixée à six chelins et trois deniers courant au lieu de cinq chelins et demi, par minot, ainsi qu'évalué et fixé originairement par le commissaire chargé de la confection du dit cadastre, et nous avons amendé et corrigé le dit cadastre en conséquence.

Quand au surplus des matières et choses contenues dans le présent cadastre, il est confirmé et maintenu tel que fait, fixé et établi par le commissaire chargé de la confection d'icelui, et tel que le tout apparaît actuellement au dit cadastre.

* * *

Par souci d'exactitude, il faudrait rappeler ici que la seigneurie initiale était assez lourdement chargée de dettes. Déjà, on a vu comment Madame Dessaulles exposait la situation à son frère, dans cette longue lettre qu'elle lui adressait en octobre 1836, tout en lui demandant de venir à son aide. Le certificat d'enregistrement, dont il a été question précédemment, résume la situation en septembre 1847. Il jette un jour brutal aussi bien sur l'endettement de ces seigneurs qui ne veulent pas ou ne peuvent pas tirer leur subsistance du commerce ou de l'industrie naissante, que sur le cas particulier de la seigneurie de Saint-Hyacinthe. Jean Dessaulles a essayé de retirer un revenu substantiel de la coupe du bois. Pour cela, il a eu deux moulins, mais il faut admettre qu'après sa mort, la seigneuresse s'entendait beaucoup mieux à la charité qu'au commerce du bois, qui a toujours été difficile et qui l'est resté. À l'époque, l'Angleterre était encore le marché principal, mais les prix y suivaient des fluctuations de cauchemar. À tel point que Madame Dessaulles ploie sous le poids des dettes que son mari lui a laissées à son décès et qui ont continué de s'accumuler, surtout depuis que son fils est devenu le propriétaire du domaine. Pour ne pas surcharger le texte de cette étude, on a renoncé à énumérer les charges et les obligations de la seigneurie [63].

Plus tard, en 1867, Louis-Antoine Dessaulles verra sa seigneurie vendue aux enchères et attribuée à Robert Jones [64] pour une somme de $32,025, quand ses affaires se seront gâtées, après une assez pénible aventure de voie ferrée entre Saint-Dominique où se trouvaient les Britannia Mills et la ligne principale du St. Lawrence & Atlantic Railway, qui reliait Montréal et Portland depuis 1851. C'est un autre exemple d'entreprise établie un peu au hasard de besoins momentanés, sans autre justification que de raccorder une usine à ses sources d'alimentation ou à ses points de vente. Dessaulles n'est pas seul à agir ainsi. Comme beaucoup d'autres, à cette époque, il joue le tout pour le tout et perd.

Pour lui, c'était un coup très dur. Il constatait, mais un peu tard qu'une aventure ferroviaire, dont on ne connaît pas à l'avance la rentabilité, peut être très coûteuse. À cela s'ajouteront ses expériences journalistiques. Après bien d'autres, il verra qu'un journal [65] est souvent une source de déficit plus que d'enrichissement, à une époque où la publicité ne vient pas suffisamment à la rescousse de l'administrateur, si celui-ci et ses collaborateurs vont à l'encontre des idées reçues et, surtout s'ils foncent sur un clergé encore puissant et maniant l'anathème avec la même facilité que le goupillon.

À son grand dam, Louis-Antoine Dessaulles constatera que la fidélité des lecteurs est chose fugace comme l'encens qui, après être monté lentement vers la voûte du temple, se dissipe.

* * *

Si Henry Judah a accordé une valeur de $124,948 à la seigneurie Dessaulles propre, il a fixé celle, qui est dite de Rosalie, à $66,177 et celle de Yamaska à $72,154 ; soit en tout une valeur de $263,279.

Comme on le voit, c'était un fort beau cadeau que Hyacinthe-Marie de l'Orme avait fait à son cousin Jean Dessaulles, parce que son autre parent n'avait pas voulu oublier la querelle qui les divisait. Il est vrai que, de leur côté, en quarante-trois ans, Jean Dessaulles et sa femme avaient bien développé le domaine qui, en 1814, était encore en friche.

* * *

Marie-Rosalie Dessaulles meurt donc le 5 août 1857. Voici comment son fils, Louis-Antoine, annonce la nouvelle à Mgr Joseph LaRocque, devenu évêque de Saint-Hyacinthe, après avoir été l'un des directeurs du Collège au moment de l'insurrection ; ce collège auquel Jean Dessaulles s'était tellement intéressé et avec lequel sa femme avait si souvent collaboré durant sa longue vie de servante du Seigneur, dans le milieu de Maska. Bientôt devaient y cohabiter ceux qui continuent à avoir la foi du charbonnier et ceux qui, tel Louis-Antoine Dessaulles, demandent la liberté de pensée, à grands cris. Pour l'instant, voici la lettre que le fils adresse à l'évêque, qui a été bon pour sa mère durant les mois qui ont précédé sa mort : [66]

> Monseigneur, ma pauvre mère a rendu son âme à Dieu ce matin à une heure — sans secousse et sans souffrance, avec le même calme, la même sérénité d'âme qu'elle avait conservés pendant toute sa maladie.

Son agonie a duré six heures mais si douce et si paisible qu'il a été difficile de préciser le moment où son âme est allée prendre possession d'une vie meilleure sous l'escorte de ses sentiments de religion et de foi, et de ses bonnes œuvres.

Elle m'a spécialement chargé de remercier une dernière fois votre Grandeur de sa bienveillance et de l'intérêt qu'elle lui a porté pendant sa maladie, et surtout du bonheur qu'elle lui a donné en lui envoyant la sœur de l'Ange Gardien qui, par ses soins empressés et pieux, nous faisait souvent penser combien elle était digne de son nom de profession.

Permettez-moi, Monseigneur, d'offrir aussi à Votre Grandeur mes propres remerciements et ceux de la famille pour l'empressement avec lequel vous avez bien voulu contribuer à adoucir à ma mère les approches toujours formidables de la mort. Votre Grandeur a puissamment contribué à entretenir chez ma mère le calme des derniers instants, et elle a par là acquis les droits les plus légitimes à notre reconnaissance.

C'est le même homme qui, dix ans plus tard, tout en ayant parfaitement raison de réclamer la liberté sous tous ses aspects intellectuels, politiques et religieux, osera écrire ceci, en pointant Mgr Bourget et ses amis :

Des hommes d'étude ont pu voir à quel degré de nullité intellectuelle, politique et nationale et d'infériorité morale les clergés de tous les pays ont réduit les peuples qu'ils ont réussi à contrôler et à dominer. [67]

Et il s'en était tenu là !

* * *

Avant de passer à Louis-Antoine Dessaulles, sixième seigneur de Saint-Hyacinthe, il est amusant de loger ici quelques notes empruntées à Mme F.L. Béique et à ses souvenirs familiaux. Elles ont trait à l'oncle Augustin, frère de Marie-Rosalie Dessaulles. Son indépendance d'esprit et sa fantaisie évoquent le milieu de Saint-Hyacinthe qui aurait pu être monotone, sinon bien terne si, à côté de l'ordre personnifié par le curé et par une Église aux pratiques rigides, il n'y avait eu la fantaisie de certaines ouailles vivant, à leur manière, dans la paroisse. Qu'on en juge par ces quelques détails.

Le dimanche, dans le banc seigneurial, l'oncle apportait une trousse qui lui permettait de se livrer à des travaux intimes ; il se taillait la barbe, se curait les ongles, les coupait, arrachait quelques poils gênants ou inutiles dans la figure, tout en égrenant son chapelet posé sur le banc. Grommelant d'abord, le curé essaya de réagir devant ces soins qui ne convenaient pas au lieu ; puis, il laissa faire, même s'il n'était pas tellement heureux de ce drôle de paroissien, dont l'originalité était reconnue à Saint-Hyacinthe, comme l'était la bonté agissante de sa sœur. Quelle indulgente société devait être celle où l'on acceptait pareil manquement au respect de Celui à qui on venait présenter son hommage chaque dimanche à la grand-messe !

Dans la vie de tous les jours, l'oncle était ainsi, faisant ce que d'autres ne faisaient pas ne faisant pas ce que, dans son état, il aurait dû faire. Préparé à l'exercice d'une profession, il s'était fait marchand. Quand il n'avait pas le goût de servir le chaland, il lui conseillait d'aller chez un concurrent. En somme, dans la vie, il agissait comme il l'entendait ; il était aimable, gentil, mais il ne pensait pas comme tout le monde et ne se gênait pas pour le montrer. Bref, il était tout le contraire de cette femme méthodique, ordonnée, orientée strictement vers le devoir et l'action qu'était sa sœur. Il était aussi très loin de ce frère qui se préparait à bouleverser la colonie du Bas-Canada, en l'arrachant aux marchands du Temple : apprenti-sorcier qui, tout à coup, s'était effrayé de ce qu'il allait mettre en marche.

L'oncle Augustin, lui, passe à travers la période troublée de l'insurrection sans trop se préoccuper de ces événements qui changent la vie des autres mais pas la sienne. Malgré les gens qui se battent dans les environs, il vient écouter son curé le dimanche, en se livrant à sa toilette, tout en égrenant son chapelet d'une main distraite. Autres temps, autres mœurs. Lui est différent et il continue de l'être, mais non comme le fut Marie-Rosalie et comme le sera son neveu Louis-Antoine qui se heurtera violemment à l'Église : pot de terre qui se brisera contre un pot de fer sans faille.

Si l'on veut comprendre le milieu de Saint-Hyacinthe au dix-neuvième siècle, il faut, je crois, rappeler le souvenir de cet autre frère de Marie-Rosalie Dessaulles qui vivait sa vie, tout en laissant les autres vivre la leur, passant à côté de leurs soucis sans trop s'en préoccuper, égoïstement sans doute, mais avec un certain agrément pour lui et pour les autres. Il y avait là un autre type humain d'une société rurale où cohabitaient gens normaux, originaux et détraqués qu'on laissait vivre suivant leurs goûts quand ils n'étaient pas méchants ; ce qui était le cas de l'oncle.

CHAPITRE III

Louis-Antoine Dessaulles,
sixième seigneur de Saint-Hyacinthe
(1818-1895)

Louis-Antoine Dessaulles

*La liberté est un bienfait,
mais aussi un maléfice
des dieux.*

Par testament, Jean Dessaulles avait laissé la seigneurie de Saint-Hyacinthe à son fils Louis-Antoine, en le chargeant de remettre les deux tiers de la juste estimation du domaine à son frère Georges-Casimir et à sa sœur Rosalie-Eugénie, par parts égales. Leur mère y avait consenti même si, mariée en communauté de biens, elle eût pu en demander la moitié. Elle se contenta de faire vendre aux enchères un certain nombre de choses, au cours du mois de septembre qui suivit la mort de son mari en 1835. Tutrice de ses enfants, elle continua, en fait, sinon en droit, d'administrer la seigneurie jusqu'à la majorité de son fils Louis-Antoine en 1839. À ce moment-là, celui-ci en devint le maître, comme son père l'avait voulu.

Attiré par la France et la civilisation française, il décida de rejoindre son oncle, Louis-Joseph Papineau, à Paris. Celui-ci le reçut à bras ouverts et le présenta dans les cercles de la capitale où il fréquentait. Un jour, en 1842, dans un mot qu'il lui donne pour M. Roebuck — tenace défenseur des *colonials* du Bas-Canada dans les milieux politiques de Londres, il le présente ainsi :

> La présente vous sera remise par mon neveu, aimable, excellent jeune homme que je recommande à votre obligeance constante. Vous le trouverez digne de votre estime

et de votre confiance. Regardez-le comme un autre moi-même.

M. Roebuck était un ami du Canada où il avait fait une partie de ses études. Il était de ceux à qui Louis-Joseph Papineau s'était adressé quand il se rendit à Londres en 1823 pour s'opposer au projet d'union que les marchands de Montréal avaient suggéré à la Métropole. L'opposition étant unanime parmi les francophones — clergé en tête — on n'osa pas voter une loi dont la pensée profonde fut reprise en 1840, après le soulèvement de 1837, avec quelques retouches, il est vrai, pour ne pas s'attirer l'ire du clergé à qui l'idée de voir ses curés nommés par Londres ne plaisait pas du tout. Voici ce que pensait François-Xavier Garneau de M. Roebuck, dont il avait fait la connaissance durant un séjour en Angleterre vers 1832, au cours duquel il avait été secrétaire de Denis-Benjamin Viger, agent du Bas-Canada à Londres :

> M. Rœbuck est un petit homme fort actif, plein de talents, qui faisait son chemin en dépit presque de la fortune. Il avait reçu une partie de son éducation en Canada, où sa mère devenue veuve et qui s'était remariée avec un fonctionnaire public, avait passé avec son mari. M. Rœbuck qui avait pris la profession d'avocat s'établit à Londres. Il se mit à écrire dans les journaux et dans les revues. Son talent d'écrivain attira l'attention des libéraux sur lui. Il était aussi bon orateur qu'écrivain. Il fit sensation dans les assemblées publiques et fut reconnu pour un homme infatigable qui serait d'un grand service à son parti. On le fit élire à Bath qu'il représente encore, je crois, dans le Parlement. Il va sans dire qu'il était l'ami des libéraux du Canada et de la chambre d'assemblée. Il fut prié de plaider leur cause en parlement chaque fois que l'occasion se présentait ; et il s'acquittait de sa mission avec autant de zèle que d'habileté.

On ne sait pas comment Louis-Antoine Dessaulles réagit au fait que son oncle le présenta au parlementaire anglais comme un « excellent jeune homme » ; ce qu'il n'était pas tellement s'il faut en croire sa parentelle. De toute manière, il alla à Londres, piloté par M. Roebuck et par un ami du libraire Bossange. Ceux-ci lui ouvrirent des portes qui, autrement, lui auraient été fermées. Ils contribuèrent sinon à lui faire aimer l'Angleterre et les Anglais, tout au moins à lui faire admirer leurs institutions.

* * *

De retour en France, Louis-Antoine Dessaulles se mit à l'école de certains écrivains de l'époque que son oncle lui avait fait connaître chez le baron Laffitte, en particulier. Intelligent, esprit curieux, il s'intéressa vivement aux idées de liberté qui se répandaient en France, en réaction contre le milieu bourgeois qu'était devenu le pays, au cours du règne de Louis-Philippe, roi des Français, après les bouleversements du siècle dernier.

Trois hommes orientent l'opinion catholique à cette époque : Montalembert, Lamennais et Lacordaire. C'est leur influence que subit Louis-Antoine Dessaulles dès son arrivée. Lamennais surtout le marque profondément. Aussi sa réaction fut-elle violente quand, de retour à Saint-Hyacinthe, il constata que la philosophie mennaisienne était mise de côté au collège, à la suite de la condamnation par le Pape des *Paroles d'un Croyant*. Ce fut le point de départ d'une longue diatribe entre les autorités du collège de Saint-Hyacinthe — son *alma mater* — et lui en 1864 et en 1867 en particulier, alors qu'il dirige *Le Pays*. À ce moment-là, ce qui l'exaspère ce sont les attaques qu'on dirige contre lui, contre son oncle Louis-Joseph Papineau, contre ses idées aussi. Il faut dire que, de son côté, il ne ménage pas l'adversaire. L'échange de propos avec l'abbé Joseph-Sabin Raymond atteignit une telle aigreur que, malgré son respect pour Mme Dessaulles, morte depuis quelques années, mais très vivante dans le souvenir du directeur du Collège, l'abbé Raymond secoua d'importance son ancien élève [68]. L'évêque de Saint-Hyacinthe, Mgr LaRocque, intervint dans le débat avec une certaine retenue que lui reprocha Mgr Bourget, pourfendeur d'anticléricaux avant qu'il n'ébranlât l'Institut Canadien de Montréal, au point que celui-ci s'écroula comme un château de cartes ou comme un fruit mûr qui tombe de l'arbre.

À distance, les querelles de Dessaulles, journaliste, et de l'abbé Raymond nous paraissent sans intérêt particulier, sinon futiles. Elles le semblèrent bientôt aux contemporains, et les échanges d'aménités cessèrent. Fallait-il, en effet, continuer de s'injurier, entre autre chose, à propos de la guerre des Albigeois : Louis-Antoine Dessaulles reprochant à l'abbé Raymond de citer des textes où l'on falsifiait les faits ?

Très « Papineau », assez violent, tenace sinon têtu, idéaliste, ce qui n'est en rien condamnable, Louis-Antoine Dessaulles n'avait pas un caractère facile. Il eut une adolescence agitée. À son retour d'Europe, il adopta un train de vie qui lui coûta très cher. Plus tard, il s'engagea dans des entreprises qui menacèrent de ruiner la succession. Il faut lire ce qu'en 1845 sa tante — Julie Papineau — écrit à son mari en voyage à Rome. Elle lui mande, dans une lettre qui ne laisse aucune ambiguïté sur le genre de vie que mène son neveu : « Il est léger, inconsidéré, prodigue. S'il est rempli de talens et d'esprit, il est rempli aussi de présomption et d'espérances... Il est gai, s'amuse de toilette, toujours en ville, rarement chez lui, ne faisant rien... » Elle ajoute : « sa mère est désolée, mais elle est faible et aveugle sur son compte ».

En fils de famille, heureux de vivre, Louis-Antoine Dessaulles jette sa gourme. Il a 26 ans, l'âge où la vie s'ouvre devant soi, l'âge où l'on ne doute de rien. Pour lui, la vie est belle : il dépense sans compter. Sa tante estime qu'il a gaspillé 20,000 louis, que son crédit est à peu près nul, que la ruine menace sa mère et la succession. Aussi, demande-t-elle avec insistance à son mari d'essayer de faire vendre la seigneurie en Angleterre avant qu'il ne revienne au Canada [69]. C'est le conseil que Joseph Papineau avait donné à son fils, Louis-Joseph, à propos de celle de la Petite-Nation, en lui recommandant cependant de garder pour lui les arrérages de cens. En faisant cette suggestion, il pensait à Edward Ellice, qui était parvenu à céder sa seigneurie de Beauharnois à ses amis anglais. Il est vrai qu'à cause de sa situation à Londres, Ellice pouvait atteindre un milieu que Louis-Joseph Papineau ne pouvait rejoindre. À un moment donné, Arthur Roebuck invite Papineau à venir à Londres pour en discuter ; mais celui-ci s'y refuse, craignant peut-être d'être ramené au Canada, *manu militari*.

C'est un peu plus tard que, très inquiets, les autres héritiers demandèrent la division de la seigneurie originale en trois parts.

* * *

Pour l'instant, entre autres choses, Dessaulles écrit dans l'*Avenir*, puis dans *Le Pays*, journaux qui s'opposent à l'ultramontanisme : une forme de conservatisme poussé à l'extrême, appuyant sans retenue les traditions, la religion dans ses aspects les plus étroits et l'autorité du Pape en toutes matières. Dessaulles développe avec passion les idées de liberté auxquelles il tient beaucoup : liberté de penser, d'écrire, de juger, d'organiser sa vie comme on l'entend, en dehors de l'Église au besoin. Il trouve en son oncle, Louis-Joseph Papineau, un appui inconditionnel quand celui-ci revient au Canada. Papineau a terriblement souffert de l'opposition du haut clergé à ses idées et à ses amis, au moment du soulèvement de 1837. Il sait que Mgr Bourget, en particulier, les a combattus avec tout le prestige que lui donnait sa situation morale dans un milieu où le prêtre tenait un rôle prépondérant. Il a

trouvé à l'Institut Canadien un accueil chaleureux ; on
l'écoute et on appuie ses opinions, ses haines, ses oppo-
sitions sinon à la religion, du moins au clergé qui la défend contre toutes les attaques avec une fougue, une furie
même, qui justifient tous les coups.

Secondé par son oncle qui, parfois quitte son domaine
de Monte-Bello pour se servir de la tribune que lui offre
l'Institut, Louis-Antoine Dessaulles se déchaîne contre ces
prêtres qui, affirme-t-il, tiennent leurs ouailles dans l'ignorance et la misère et contre ce chef de l'Église, qu'il assi-
mile aux grands bourreaux de l'époque : le Tsar de Rus-
sie, et l'Empereur d'Autriche-Hongrie.

Horrifié, Mgr Bourget réagit brutalement, cruellement. En 1869, de passage à Rome, il obtient qu'on mette
à l'Index *l'Annuaire de l'Institut Canadien — 1868*. De
son côté, il lance l'anathème contre Louis-Antoine Dessaulles, Joseph et Gustave Doutre et tous ceux qui lui
tiennent tête à l'Institut Canadien, dont il réprouve l'esprit. En particulier, il réagit violemment à ce qu'on a
appelé l'affaire Guibord. Pendant six ans, les restes de
Guibord seront logés au cimetière protestant du Mont-
Royal, jusqu'au moment où le comité judiciaire du Conseil Privé forcera les autorités religieuses de Montréal à
mettre en terre sainte le corps décomposé de Joseph Guibord. Alors, l'évêque déclarera maudit le lieu qui doit
l'accueillir.

Après cette longue bataille juridique qu'il considère,
sans doute, comme un triomphe pour ses idées et ses amis,
Louis-Antoine Dessaulles a cru à la fin de la religion
catholique au Canada. Dans une lettre que, plus tard, il
envoie à Louis Fréchette, le 12 août 1884, il écrit ceci :
« le paganisme a mis cinq siècles à mourir. Dans notre
état social, avec le livre et le journal, l'intensité de la vie
que le monde doit au progrès de communications de peuple à peuple, le catholicisme mettra probablement deux

siècles de moins à mourir. Voltaire a commencé la lutte il y a 140 ans, et dans deux cent soixante ans il n'en restera pas grand-chose, l'ineptie de la Curie romaine devenant de plus en plus navrante de jour en jour ». Et il précise : « Vous voyez que je n'écris pas pour publication au Canada ».

Fort heureusement pour l'Église, la religion continua même si, un siècle plus tard, Vatican II l'ébranla dangereusement. Les prêtres restèrent, mais l'Institut Canadien disparut : ses livres bons ou mauvais, comme on disait, étant recueillis à l'Institut Fraser dans une vieille maison du boulevard Dorchester, sale et poussiéreuse. Elle fut démolie au siècle suivant, mais ses livres se retrouvèrent à l'extrême ouest de la ville, là où ils ne sont plus guère consultés que par quelques curieux d'un âge avancé qui s'intéressent à l'histoire des idées et des mœurs du XIXᵉ siècle.

Dans l'intervalle, en 1866, ruiné par ses expériences journalistiques, son train de vie et une certaine mésaventure ferroviaire à laquelle le Grand-Tronc fut mêlé, Louis-Antoine Dessaulles avait dû vendre à Robert Jones sa seigneurie, dite Dessaulles-propre. Injustice du sort, le souvenir de Jones subsiste à Saint-Hyacinthe, sous la forme d'un abreuvoir de marbre à côté du marché central, face à la rue Saint-Denis, dont le terrain — on s'en souvient — avait été donné par Jean Dessaulles à la ville. On y a inscrit la mention suivante : « In beloved memory of Robert Jones, late seignior of the Seigniory of Dessaulles propre ».

Pendant ce temps, le fils du donateur, Louis-Antoine, défenseur à contre-courant de la liberté au Canada français, ne laissait que dans l'esprit de quelques vieilles gens férus d'histoire, le souvenir d'un être fougueux, malheureux, bousculé par la vie, par son goût de l'aventure et par les clercs. Il est vrai que si la fontaine est toujours là, elle ne sert plus guère faute de chevaux, tandis que les idées de Louis-Antoine Dessaulles, enfin répandues et acceptées, ont résisté au temps.

Louis-Antoine Dessaulles fut définitivement écarté, sinon broyé, quand, en 1875, il quitta son pays. Il serait mort dans la misère si son gendre, généreusement, ne lui avait servi une rente à Paris, comme une lettre de Louis-Antoine Dessaulles le reconnaît. En 1895, il fut recueilli par les Frères, à la Maison Dubois. Ainsi décéda celui pour qui la liberté était un devoir et qui, pour la défendre, fut bien malheureux au moment où, à Ville-Marie, on ne plaisantait pas avec l'incroyant, surtout s'il était militant. Avec lui disparaissait le dernier seigneur de Dessaulles-propre. Car si Robert Jones est inscrit comme le seigneur de Saint-Hyacinthe sur cette fontaine de marbre, destinée aux chevaux assoiffés, il ne l'était vraiment pas. En 1866, il était bien devenu le propriétaire du domaine ou ce qui en restait, mais le titre et la chose avaient disparu depuis qu'en 1854, on avait voté la suppression du régime seigneurial, cher à l'intendant Talon, mais devenu inutile, sinon nuisible. On en avait laissé, il est vrai, un dernier vestige : le cens, petite somme que les ex-censitaires devaient payer chaque année, au moment de la chute des feuilles. Ils cessèrent en 1935 quand tout fut racheté par un gouvernement décidé à changer la face de la province en supprimant une charge légère, mais évocatrice d'un régime désuet.

* * *

Physiquement, comment était Louis-Antoine Dessaulles ? Trois documents nous permettent de l'imaginer : une photographie empruntée à sa fille, Madame F.L. Béique dans un livre dont il a été question précédemment. Et puis la description que fait de lui Jean Piquefort dans *Portraits et pastels littéraires* [70]. Il faut se méfier un peu de cet auteur, cependant, car, ultramontain, c'est-à-dire politiquement à l'opposé de Dessaulles, il est préjugé et, souvent, assez pisse-vinaigre. Malgré cela, on peut retenir son témoignage sur l'homme, sinon sur ses idées. Voici comment il le présente après l'avoir entendu au cours d'une réunion du Conseil législatif. Si, Louis-Antoine Dessaulles avait été journaliste de combat, des amis l'avaient, en effet, fait élire au Conseil auquel son père avait appartenu de 1832 à 1835. On y était maintenant élu comme on l'avait souhaité si longtemps sous le régime précédent. Voyons comment Piquefort s'exprime en jugeant l'homme qui parle devant lui :

> Le conseil législatif lui-même, se laissait aller à l'excitation, et voulait prendre sa part dans la querelle politique. Un soir, j'entrai dans sa galerie, et j'écoutai. Un homme se leva et prit la parole.

> Il était petit, maigre et sec. Une moustache noire bien entretenue violait sa bouche, et m'empêchait de voir si ses dents étaient blanches comme celles de l'abbé Casgrain, ou en deuil comme celles de M. Marmette. Ses yeux me parurent d'un brun jaunâtre, assez vifs, capables d'exprimer la haine plutôt que l'amour. Son aspect n'avait rien de souriant ; son geste était raide, sa voix dure.

> Tête et physionomie grêles. Je ne sais quoi de mesquin dans la pose. Cheveux très noirs et plats, ouverts sur un front qui n'était pas assez large, je devrais dire étroit comme sa pensée. Ni jeune ni vieux, mais plutôt jeune quand on le voyait de loin. Un timbre qui vibrait comme un cuivre, mais qui n'avait rien de sympathique.

> Il parlait en avocat, en avocat qui a une tête, mais qui n'a pas de cœur. Du reste, rien dans l'apparence qui dénotât le libre-penseur ; on l'eût pris pour un bedeau tout aussi bien que pour un socialiste. Sa voix était désagréable, mais son langage était poli : du miel dans la forme, de la moutarde dans le fond ; des fleurs à la surface, un tonneau de poudre en dessous. Le discours était d'ailleurs compassé, didactique et froid.

Celui qui se cache sous le pseudonyme de Piquefort n'aime pas Louis-Antoine Dessaulles et le portrait s'en ressent ; mais ce qu'il déteste davantage, lui, ultramontain, ce sont les opinions que développe Dessaulles, épris de liberté sous tous ses aspects : liberté de penser, de lire, d'écrire, liberté aussi, qui oppose l'homme à l'esclavage. Aux États-Unis, quand les populations du Nord et du Sud se dressent les unes contre les autres, au moment de la guerre de sécession, Dessaulles n'hésite pas. Il prend partie pour le Nord au cours de quatre longues et un peu fastidieuses conférences prononcées à l'Institut Canadien en 1865-66 et dont un volume nous a gardé le souvenir.

Ses idées pénétreront dans le milieu au siècle suivant et elles sembleront normales. À la fin du XIXᵉ siècle, elles paraissent inadmissibles au clergé et à Jean Piquefort, qui ont l'esprit assez étroit. À propos des influences voltairiennes subies par Dessaulles, ce dernier n'écrivait-il pas : « Jamais un écrivain n'a obtenu un succès égal à Voltaire ; et ce grand ennemi de l'Église ne fut, après tout, qu'un génie de troisième ordre ». Ce qui, on en conviendra, est discutable. Dans une lettre qu'il adresse à sa belle-sœur Fanny Leman, devenue Mme Georges-Casimir Dessaulles, Louis-Antoine ne manque pas de faire l'éloge de son maître, Voltaire, un jour de 1894, au retour d'une visite au château de Ferney où celui-ci a vécu : « Pour vous autres, bonnes catholiques, écrit-il, le nom de Voltaire reste l'équivalent d'un représentant du *Mauvais* sur la terre. Pour ceux qui examinent les choses en dehors de l'idée sectaire, Voltaire, qui avait ses défauts et a sans doute commis des actes répréhensibles, reste le plus grand écrivain qu'ait eu la France. La qualité dominante chez lui était le *bon sens*. Personne ne lui a jamais été supérieur, même égal, sous ce rapport, comme écrivain. Il combattait le fanatisme, surtout l'intolérance ecclésiastique qui écrasait tout ».

On comprend qu'entre Piquefort-Routhier et Dessaulles il ne pouvait y avoir grand-chose de commun.

Le troisième document est une photographie des maires de Saint-Hyacinthe qui se sont succédé de 1849 à 1917 [71]. Elle nous présente un autre personnage. On a l'impression d'un homme plus serein, moins engagé dans la lutte, moins tendu que celui qui, au Conseil législatif, s'attaque à toutes ses bêtes noires dont l'étroitesse d'esprit est la moins méchante. En 1849, lorsqu'il devient maire de sa ville, il a trente et un ans. Ce n'est pas encore le moment de l'aigreur qu'une opposition puissante et tenace fera naître en lui. Il fait plus vieux que son âge, avec sa moustache touffue et sa chevelure abondante qui gagne la joue. En le regardant, on songe que, de nos jours, avec un pareil physique, il aurait pu être sociologue, peut-être professeur de sociologie dans un cegep ou à l'université. Du haut de sa chaire, il aurait enseigné les sciences de l'homme en parlant de la manière saccadée, stridente que lui reproche Piquefort ; il aurait protesté, sans doute, contre la guerre au Vietnam et il aurait parlé en faveur de l'avortement. Tout cela tient de l'affabulation. Assurément ! À l'époque, Dessaulles est déjà engagé dans une bataille qu'il livre ardemment, sans arrêt dans *l'Avenir* puis, plus tard, dans *Le Pays*, deux tribunes qui atteignent des lecteurs assez nombreux pour l'époque, mais qui, comme le signale Madame Christine Piette-Samson dans *Recherches sociographiques*, ne paient pas leur abonnement régulièrement et contribuent ainsi à saper le journal ; ce qui est le problème de l'aventure journalistique de tous les temps [72].

* * *

Louis-Antoine Dessaulles a été journaliste à *l'Avenir* d'abord, après son retour d'Europe en 1843. Organe d'information mais aussi de combat, à l'occasion, le journal a une courte vie. Fondé en 1847 par Jean-Baptiste-Éric Dorion et par Georges Batchelor, il disparaît en 1852 pour renaître en 1856 sous une autre direction et pour peu de temps. Dans les normes de l'époque, c'est un journal anticlérical, même si, pour nous, il le paraît bien peu. Il y a parmi les collaborateurs, il est vrai, ceux que l'on trouvera à l'Institut Canadien au moment de la grande turbulence qui en entraînera la fin. Y sont réunis J.B.E. Dorion, Rodolphe Laflamme, Louis-Antoine Dessaulles, Joseph Doutre, Labrèche Viger, Charles Daoust, Charles Laberge et d'autres. Or, c'est Louis-Antoine Dessaulles qui est l'influence dominante à l'Institut Canadien quand Mgr Bourget obtient qu'on mette à l'index *l'Annuaire de 1868,* et c'est Joseph Doutre qui mène le combat juridique jusqu'au Conseil privé dans l'Affaire Guibord.

Dans l'intervalle, Dessaulles était passé *Au Pays* comme rédacteur en chef. En 1867 et en 1868, il y ferraille contre l'abbé Raymond et contre Oscar Dunn, en particulier. Dans le *Courrier de Saint-Hyacinthe,* ce dernier défend l'ultramontanisme. Tout en frappant Dessaulles et ses amis de l'anathème en 1869, Rome a décerné un brevet de vertu au journaliste Dunn[73]. Rudement, Dessaulles s'en prend aussi au clergé, à l'évêque de Montréal et à l'étroitesse d'esprit du milieu en général. Bref, il frappe à gauche et à droite jusqu'au moment où sa tribune s'écroulant, il doit se contenter de ses fonctions de greffier de la Couronne et de la Paix qu'il remplit depuis 1863 ; ce qui lui a permis de suppléer à la grande misère de son journal. Car si l'Église est puissante, il a derrière lui le Parti qui l'appuie contre l'ultramontanisme dont l'édifice commence de se lézarder.

* * *

Le 22 septembre 1871, Louis-Antoine Dessaulles écrit à sa femme de Monte-Bello où il est venu assister aux funérailles de son oncle, Louis-Joseph Papineau. Il lui dit ce qu'ont été les derniers moments. Comme on s'en souvient, c'est lui qui, après le décès de sa mère en 1857, s'était chargé de remercier Mgr Joseph LaRocque des bontés qu'il avait eues pour elle. Cette fois, il décrit une situation bien différente. Sa mère était morte avec tous les soutiens moraux de l'Église ; son oncle, lui, n'en a pas voulu. Voici comment Louis-Antoine Dessaulles expose l'entrevue du curé et du seigneur à Monte-Bello, à propos de l'endroit où celui-ci veut reposer après sa mort. « Mon oncle lui dit : Mon cher Mr. le Curé, je ne suis pas homme à vous demander d'agir contre votre devoir, mais je vous prie de réfléchir et de représenter à l'Évêque de ma part qu'ayant toujours consenti avec plaisir et par respect pour les convictions d'autrui, à demander les cérémonies religieuses pour les membres de ma famille qui en éprouvaient de la consolation et les croyaient essentielles, il serait injuste de me refuser de reposer au milieu des miens dans la dernière retraite que j'ai préparée pour nous tous, parce que mes convictions sincères diffèrent des leurs. J'ai respecté leurs opinions, vous devez respecter les miennes. Je désire être enterré *chez moi* et dites à Monseigneur que je proteste contre l'idée de m'exclure, ou de tourmenter ma famille plus tard, parce que mon corps reposerait dans cette chapelle...

« Le curé est immédiatement parti pour Ottawa, et l'Évêque a eu le bon esprit de ne faire aucun esclandre. Ainsi, tout s'est arrangé. »

Ce texte vient d'un membre de la famille Dessaulles qui le tient de sa mère. Il est dactylographié. S'agirait-il d'une lettre apocryphe ? Il n'y a pas lieu de le croire, car elle est d'un style sobre et tout à fait dans l'esprit de celui qui l'a écrite. Il ne se réjouit pas, lui qui ira mourir chez les Frères vingt ans après ; il constate tout simplement.

Quelques jours plus tard, du haut de la chaire de Notre-Dame, un abbé attaque Louis-Joseph Papineau jusque dans la mort. Il ne craint pas, en effet, de prévoir « la probabilité de la damnation » de Louis-Joseph Papineau, le plus grand homme que le Canada ait produit, écrit son neveu au curé Rousselot le 12 octobre 1871. Il fulmine : voilà un « acte aussi odieux qu'inepte ». Il a raison sans doute de s'indigner, mais comme toujours, il le fait sans ménagement.

Longtemps après, il enverra une copie de sa lettre à son ami Louis Fréchette pour que nul n'en ignore. Elle nous éclaire sur les excès de langage auxquels on se livrait parfois du haut de la chaire. Refuser les secours de la religion, c'est un droit strict « quand on n'a plus la foi » ; c'est aussi une question d'honnêteté intellectuelle pour Dessaulles qui défend son oncle du bec et des ongles. Pour nous, c'est l'évidence même, mais à l'époque, le clergé et beaucoup de laïques sont choqués par le geste de Papineau, comme s'il s'agissait d'une nouvelle trahison.

Assez curieusement, vers cette époque, Dessaulles réunit tout ce qu'il peut trouver sur ce clergé dont il ne veut voir que les turpitudes. Aux Archives du Canada, on a gardé un carnet où il a noté au jour le jour d'une petite écriture ferme, toutes les histoires scandaleuses auxquelles certains prêtres du diocèse ont été mêlés. On serait tenté de croire à des ragots si les archives de l'Archevêché ne contenaient maints cas semblables, affirme un historien dont la bonne foi ne peut être mise en doute. Dessaulles a aussi inscrit dans son carnet tous les cas d'interventions politiques, du haut de la chaire, qu'il a pu réunir. On se doute qu'il monte un dossier sur lequel il s'appuiera un jour, espère-t-il, dans une grande bataille qui opposera les laïques — lui et ses amis — et les clercs. Ce serait pénible si on ne se trouvait devant une sincérité, qui tourne à l'aigre, il est vrai. On souhaiterait avoir pu lui dire : « Assurément, mais parlez-nous d'autre chose », tant l'idée fixe devient déplaisante.

Quatre ans plus tard, Dessaulles quitte son poste pour venir demeurer en Belgique, puis en France. Après lui, d'autres conduiront la bataille de la liberté. Ils demanderont l'instruction obligatoire, le droit de penser et de vivre à sa guise, de ne pas aimer son curé et de le dire, d'aller à la messe ou de ne pas y aller, sans être frappé de l'opprobre clérical. La plupart, sauf Arthur Buies par exemple, feront valoir leurs idées avec fermeté, mais sans la violence que met Dessaulles dans tous ses propos. Ainsi, Louis Fréchette écrira, en 1877, dans un de ses poèmes : « Si je prie en pleurant, c'est pour la liberté ».

* * *

En France, on trouve diverses traces de Louis-Antoine Dessaulles à la suite de son exil grâce à une correspondance assez suivie qu'il échange avec son ami Louis Fréchette et, à partir du moment où il quitte le Canada, avec sa fille, et sa belle-sœur, Mme Georges-Casimir Dessaulles, née Fanny Leman, petite-fille de Denis-Benjamin Papineau. Il parle ouvertement avec elle parce qu'il se sent en confiance et parce qu'elle a eu pitié du pauvre homme brisé par les événements qui l'ont forcé à quitter le pays. Fort heureusement, certaines de ses lettres ont été conservées. On peut ainsi le suivre à travers ses préoccupations et sa vie nouvelle à Paris. Repris par le démon des inventions, il s'intéresse aux travaux de son ami Dion, un doux rêveur, semble-t-il, qui invente, invente — bobines et diaphragmes qui doivent révolutionner l'électricité, le phonographe et le téléphone, machines diverses, comme un poêle électrique ou une machine à fabriquer les bouteilles. Dans une lettre à son ami Louis Fréchette, Des-

saulles précise que cette machine va hâter la fabrication
des bouteilles de verre — dix hommes en une journée
devant décupler le travail de cinq hommes. Malheureusement, Dion ne va pas au-delà de l'idée première. Aussi
Dessaulles passe-t-il de désappointement en désappointement, dans ce domaine, comme dans les entreprises
minières qui lui ont coûté si cher et qui sont une des raisons de son départ précipité. Avant de quitter la ville,
en 1875, il a écrit une longue lettre désolée à sa femme,
en lui demandant de l'excuser de la peine qu'il lui a cau-
sée et de lui pardonner. En France, il retombe dans ses
rêves stériles. Ainsi, le 27 décembre 1893, il s'excuse
auprès de sa belle-sœur de finir sa lettre abruptement.
« Je dois aller à l'assemblée de la mine 'Progreso' », lui
écrit-il. Il y a également le projet du canal de la Floride,
auquel il s'intéresse avec un certain colonel Webb de
Londres.

Dessaulles ne perd pas confiance, cependant, malgré
les échecs qui se suivent, si l'on en juge par ses lettres à
Fanny Dessaulles qu'il appelle, en toute amitié, « ma
chère bonne Fanny ». C'est elle qui gardera ces missives
d'un autre monde — car de plus en plus Dessaulles s'éloigne du milieu qu'il a laissé derrière lui. Il gardera jusqu'à
sa mort, cependant, son esprit critique et son goût de la
bagarre verbale. À certains moments, il retrouve son
enthousiasme quand il décrit les funérailles de Victor
Hugo par exemple, le 3 juin 1885. Écoutons-le prendre
la défense du grand homme contre ceux qui l'attaquent
encore :

> La mort de Victor Hugo a été un événement national et
> même européen, car des adresses de condoléance, et des délé-
> gués, et des couronnes de fleurs ont été envoyés de partout.
> Qu'il ait été le plus puissant génie du siècle c'est incontes-
> table. C'est lui qui a fait sortir la littérature de la sotte
> routine où la tenait l'ancienne école et qui l'a émancipée
> de toutes ces règles absurdes qui brisaient l'essor du talent

et parquaient les écrivains dans un cercle infranchissable. Personne n'a manié le vers comme lui. Moins harmonieux en règle générale que Lamartine, il lui était bien supérieur par l'envergure, la puissance et l'idée. Il a toujours été le champion du droit, le défenseur des opprimés, et il n'a pas cédé devant le pouvoir impérial. Il l'a moralement écrasé dans ses *Châtiments*, et n'est rentré en France, comme il l'avait promis, qu'après sa chute, tenant énergiquement sa parole donnée : « Et s'il n'en reste qu'un seul je serai celui-là ». C'était un grand caractère, aussi bon qu'énergique. Il a renouvelé la langue littéraire de la France et il a partout inculqué à tous l'idée du devoir et du droit. Sa grande devise était : « Justice pour tous ». Les funérailles ont offert le spectacle le plus grandiose qui se soit encore vu à Paris. Elles ont encore surpassé, ce qui semblait impossible, celles de Thiers et de Gambetta. Et cela se comprend. Vis-à-vis de ces deux hommes politiques il y a eu des abstentions ; mais il n'y en a eu aucune avec Victor Hugo. Il a été traité comme citoyen de l'humanité plutôt que de la France. Les fanatiques du cléricalisme se sont abstenus sans doute mais ils ne sont pas légion dans Paris et tous les catholiques de bon sens ont marché derrière le char funèbre ou pris part à la manifestation. Les feuilles enragées, comme la *Gazette de France* ou *l'Univers*, l'insultent à cause de ses funérailles civiles ; Paul de Cassagnac a brutalement insulté sa famille, mais qu'est-ce que cela dans le concert universel de regret et d'admiration de cette grande carrière ? Le cortège dans son ensemble représentait près d'une lieue et demie en longueur. Quand sa tête est arrivée au Panthéon il y avait encore des sociétés qui se mettaient en marche au pont de Neuilly, au bas de l'avenue de la Grande Armée qui part de la place de l'Étoile.

* * *

Dans d'autres lettres, il se plaint de l'état de sa santé : « Je souffre beaucoup de mes douleurs rhumatismales. Les remèdes ne me font absolument rien ». Il souffre aussi de zona. Impécunieux, il trouve malgré tout le moyen de voyager. En décembre 1893, il est à Londres depuis sept semaines. Il y travaille à la bibliothèque du British Museum ; cette fois c'est la paléontologie qui l'attire, mais aussi certains textes sur la Réforme. En janvier 1894, il écrit à Louis Fréchette, dont il espère bientôt la visite à Paris : « J'ai trouvé des renseignements qui ont une très grande importance pour moi ». Ce sont des rapports d'évêques au temps de la Réforme. Ils montrent dans « quel désarroi tous ces gens étaient tombés par suite d'un mouvement qu'ils considéraient comme devant tout emporter ». Il est ravi en vieil anticlérical impénitent. « Ces rapports ou avis, comme on les appelait, démontrent la prodigieuse nullité ecclésiastique en tout ordre », précise-t-il à son vieil ami qui, si l'on en croit les mauvaises langues de l'époque, n'est pas loin de penser comme lui, même s'il ne fait pas retentir les échos de ses protestations comme l'exilé l'a fait jusque-là.

En avril 1894, Dessaulles est à Montreux où il va soigner un rhumatisme qui le harasse ; il se rend à Coppet et à Ferney, d'où il fait l'éloge de son vieil ami Voltaire à sa belle-sœur Fanny (toujours) devant qui, un peu plus tard, il déverse le trop-plein de son cœur (lettre du 26 octobre 1894). Puis, le 31, il écrit à son frère Georges-Casimir, pour lui envoyer un exemplaire de son livre sur le mariage et le divorce. Il ne se fait pas d'illusion : « L'ouvrage froissera les convictions de toutes (les personnes) qui m'aimaient là-bas ». Et cependant, il n'hésite pas à en offrir un exemplaire à son frère. Inconséquence ? Pas du tout. Simple conviction que, dans ses attaques contre l'Église et ses institutions, il est dans la bonne voie. C'est lui qui a raison ; il en est convaincu et, malgré les avatars que la vie lui a réservés depuis son départ, il n'a pas hésité à donner à sa production littéraire un nouveau souffle. Ce sera le dernier, car il mourra l'année suivante.

Il constate, cependant, que son livre se vend bien lentement. Mais qu'à cela ne tienne ! En Hongrie, il y a

un mouvement qui oppose Église et laïques ! Pourquoi
ne pas le faire traduire en hongrois, comme le suggère son
éditeur ? Malheureusement, les Hongrois se montrent
assez froids et Dessaulles est bien forcé d'admettre que
son livre ne sera pas ce qu'au siècle suivant on appellera
un *best-seller*. Autre désillusion qu'il devra accepter : la
faillite de ce canal de la Floride, auquel il s'était intéressé
à côté d'un colonel Webb de Londres qui, lui, aussi, constate qu'il y a loin de la coupe aux lèvres. C'est pour essayer
de ramasser les morceaux que Dessaulles s'est décidé à
aller à Londres, en mettant à profit son séjour pour travailler au British Museum.

Paru chez l'éditeur A. Pédone, à Paris, *Les erreurs de
l'Église en droit naturel et canonique sur le mariage et le
divorce* ne démarre pas vite. Par le titre de son livre, on
voit que Dessaulles n'a pas oublié son opposition à l'Église,
qu'elle soit de Ville-Marie ou de Lutèce [74].

Au siècle suivant, Paul Théodore Vibert lui rendra
hommage dans un ouvrage paru, à Paris, en 1908. Il
ne tarit pas d'éloge sur l'homme qu'il a connu et
admiré. « C'est à cette époque, écrit-il, que mon vieil et
excellent ami M. L.A. Dessaulles, le grand philosophe,
l'éminent sociologue, le savant et érudit universel et la
victime des curés canadiens naturellement, eût la bonté
de m'écrire et de me donner des renseignements en partie
perdus aujourd'hui. » Cette note élogieuse sert d'entrée
en matière à deux lettres de Louis-Antoine Dessaulles, que
l'auteur avait conservées et qui, toutes deux, sont datées
de 1884, l'une de mars et l'autre de juin. Parue dans un
journal canadien en février 1884, la première montre que
Dessaulles n'a rien perdu de sa verve quand il parle de
son pays et de deux de ses écrivains : Napoléon Legendre
et Pamphile Lemay. Dans l'autre, il s'élève à nouveau
contre l'intervention des prêtres en politique. « Quoique
le clergé jouisse encore d'une très grande influence, écrit-

il, il est incontestable qu'elle a diminué depuis 30 ou 40 ans qu'il a commencé à se mêler activement aux luttes politiques. C'est depuis que le clergé canadien a été jésuité que son immixtion dans la politique est devenue habituelle chez un grand nombre de ses membres. Autrefois, dans ma jeunesse, le clergé du Canada était gallican et on citait comme des exceptions les prêtres qui faisaient de la politique.» Dessaulles continue ainsi :

Depuis le retour du Jésuite, vers 1845, il s'est opéré un revirement et il n'y a plus que quelques vieux curés qui tiennent encore aux idées gallicanes.

Les curés sont devenus plus fanatiques à mesure qu'ils se sont recrutés davantage chez les paysans. Leur niveau social — j'entends ici le savoir-vivre et les manières distinguées — était bien supérieur, il y a 40 ans à ce qu'il est aujourd'hui. Quand il y avait moins de curés on avait relativement plus d'hommes supérieurs.

Je crois qu'aujourd'hui la majorité des curés se mêlent activement de politique et toujours dans le sens le plus ultra conservateur. Ils attaquent avec colère tout ce qui a une teinte libérale, soit dans les sermons, soit surtout au confessionnal. Ici ce sont les femmes que l'on tourmente pour les engager à ne pas permettre qu'un journal libéral entre dans la maison. De là viennent des querelles de ménage. Naturellement ce n'est pas chez ces curés que l'on peut retrouver le rôle de conciliateurs dans les querelles entre parents ou paroissiens. Dès que le prêtre se mêle de politique, il attise le feu au lieu de l'éteindre.

C'était la vieille hargne qui faisait surface. Elle n'était pas sans fondement, il est vrai.

Malgré l'exil, Louis Fréchette a conservé son amitié à Louis-Antoine Dessaulles. Pour la lui démontrer, il lui a envoyé certains de ses poèmes, comme *Vive la France* et *Les Excommuniés*, qui seront réunis, plus tard, dans la *Légende d'un peuple*. Un jour, Dessaulles l'en remercie et lui dit qu'une de ses amies a lu le premier dans un salon. « Elle lit merveilleusement les vers. Quand on a su que ce morceau était dû à la plume — pardon de cette banalité — c'est à l'intelligence qu'il faudrait dire — d'un poète du Canada, on l'a redemandé et on a fini par applaudir à tout rompre ». Je vais lui passer *Les Excommuniés* [75], ajoute-t-il.

Dans le premier poème, Fréchette chante la France au moment du désastre de 1870 (« La France agonisait. Bazaine, Iscariote... »). En alexandrins, il raconte l'histoire de cinq cents jeunes gens de Saint-Roch qui se rendent chez le Consul de France à Québec, menés par leur chef, un forgeron :

> Celui qui conduisant la marche, un gars au torse
> D'Hercule antique, avait, sous sa rustique écorce
> — Comme un lion captif grandi sous les barreaux —
> Je ne sais quel aspect farouche de héros.
> C'était un forgeron à la rude encolure,
> Un fort ; et rien qu'à voir sa calme et fière allure.
> Et son mâle regard en son grand front serein,
> On sentait battre là du cœur sous cet airain.
> Il s'avança tout seul vers le fonctionnaire ;
> Et, d'une voix tranquille où grondait le tonnerre,
> Dit : — Monsieur le consul, on nous apprend là-bas
> Que la France trahie a besoin de soldats.
> On ne sait pas chez nous ce que c'est que la guerre ;
> Mais nous sommes d'un sang qu'on n'intimide guère ;
> Et je me suis laissé dire que nos anciens
> Ont su ce que c'était que les canons prussiens.
> Au reste, pas besoin d'être instruit, que je sache,
> Pour se faire tuer ou brandir une hache ;
> Et c'est la hache en mains que nous partirons tous ;
> Car la France, Monsieur ... la France, voyez-vous...
> Il se tut ; un sanglot l'étreignait à la gorge.
> Puis, de son poing bruni par le feu de la forge
> Se frappant la poitrine, où chacun eût pu voir
> D'un scapulaire neuf flotter le cordon noir :

> — Oui, monsieur le consul, reprit-il, nous ne sommes
> Que cinq cents aujourd'hui ; mais tonnerre ! des hommes ?
> Nous en aurons, allez !... Prenez toujours cinq cents,
> Et dix mille demain vous répondront :   — Présents !
> La France, nous voulons épouser sa querelle ;
> Et, fier d'aller combattre et de mourir pour elle,
> J'en jure par le Dieu que j'adore à genoux,
> On ne trouvera pas de traître parmi nous !...
>
> Le reste se perdit, car la foule en démence
> Trois fois aux quatre vents cria :   — Vive la France !
>
> Hélà ! pauvres grands cœurs ! leur instinct filial
> Ignorait que le code international,
> Qui pour l'âpre négoce a prévu tant de choses,
> Pour les saints dévoûments ne contient pas de clauses.

Fréchette ajoute :

> Et le consul, qui m'a conté cela souvent,
> En leur disant merci, pleurait comme un enfant.

On peut sourire de ce romantisme attardé, mais l'auditoire de Paris en a nulle envie. Au contraire, il exprime son enthousiasme.

Dessaulles a-t-il mis à exécution son projet de faire lire *Les Excommuniés* à Paris ? C'était un autre morceau de bravoure que l'on trouve dans le livre du Centenaire et dans *Waifs in verse*, de G.W. Wieksteed, avec en regard la traduction en anglais. Wieksteed était un fonctionnaire du Bas-Canada, passé au Canada-Uni, puis entré aux services juridiques de l'État nouveau après la Confédération.

Les Excommuniés, c'est l'histoire de cinq Canadiens qui, au lendemain de la Conquête, refusent d'être anglais. Le poète raconte ainsi leur aventure :

> Des bords du Saint-Laurent, scène de tant d'exploits,
> On entendit alors soixante mille voix
> Jeter au ciel ce cri d'amour et de souffrance :

— Eh bien, soit ! nous serons français malgré la France !
Or chacun a tenu sa parole, Aujourd'hui,
Sur ce lâche abandon plus de cent ans ont lui ;
Et, sous le sceptre anglais, cette fière phalange
Conserve encore aux yeux de tous, et sans mélange,
Le culte de la France et son cachet sacré.

Mais d'autres, repoussant tout sevrage exécré,
Après avoir brûlé leur dernière cartouche,
Renfermés désormais dans un orgueil farouche,
Révoltés, impuissants, sans crainte et sans remords,
Voulurent, libres même en face de la mort,
Emporter au tombeau leur éternelle haine...

En vain l'on invoqua l'autorité romaine ;
En vain, sous les regards de ces naïfs croyants,
Le prêtre déroula les tableaux effrayants,
Des châtiments que Dieu garde pour les superbes ;
En vain l'on épuisa les menaces acerbes ;
Menaces et sermons restèrent sans succès !
— Non, disaient ces vaincus ; nous sommes des Français :
Et nul n'a le pouvoir de nous vendre à l'enchère !

La foudre un jour sur eux descendit de la chaire :
L'Église, pour forcer ses enfants au devoir,
À regret avait dû frapper sans s'émouvoir.
Il n'en resta que cinq. Ceux-là furent semblables,
Dans leur folie altière, aux rocs inébranlables :
Ils laissèrent gronder la foudre sur leurs fronts,
Et malgré les frayeurs, et malgré les affronts,
Sublimes égarés, dans leur sainte ignorance,
Ne voulurent servir d'autre Dieu que la France !

Ils moururent les uns après les autres, frappés de l'anathème de l'Église et enterrés dans un champ, même pas
avec les enfants morts avant d'être baptisés.

On comprend qu'à Paris Louis-Antoine Dessaulles
soit ému par l'aventure de ces irréductibles qui, pour des
raisons bien différentes, ont été frappés de l'opprobre
clérical. A-t-il réussi à faire lire le poème à Paris ? Proba-

blement car le Français se laisse facilement toucher par l'éloge de son pays quand il est fait par un étranger avec un pareil amour.

Un autre jour, Dessaulles félicite Fréchette de «n'avoir pas peur du Clergé». Toujours sa hantise ! « Il me semblait depuis longtemps qu'il écrasait tout au Canada, jusqu'à la plus petite liberté de penser et de parler. Vous avez sonné le réveil ». Il parle aussi à son ami d'un poêle électrique (encore) que vient d'imaginer son ami Dion, car la passion de l'invention ne l'a pas lâché. Il en espère beaucoup. « Si je ne réussis pas, enfin, à tirer quelque chose de cette dernière invention de Dion, qui en a déjà perdu *quatre* par sa bêtise opiniâtre, je perdrai le fruit de cinquante années de recherches ». Il attend beaucoup de l'appareil, puisque, précise-t-il, « ayant déjà le chauffage d'un appartement ou d'une pièce, selon le calibre, on aurait l'éclairage pour rien ».

Cette double préoccupation de Louis-Antoine Dessaulles — son dernier livre et les inventions auxquelles il continue de s'intéresser — permet de cerner son univers de vieil homme. Il a soixante-quatorze ans. Malgré son âge, il ne cède pas devant ses illusions ; ce qui, sans doute, l'a empêché d'être trop malheureux durant les dernières années où sa santé chancelle et rien ne lui réussit.

* * *

Louis-Antoine Dessaulles a été un littéraire, un pamphlétaire fougueux, qui aimait ou qui détestait avec la même absence de retenue. Très attiré aussi par ce qui préoccupe l'époque : l'invention qui, exploitée à temps, peut donner la fortune. Il a le goût du risque. On l'imagine jouant quitte ou double, avec la facilité et l'audace du malchanceux et du prodigue.

À la fin de sa vie, devant ses multiples échecs, il se rend compte sans doute qu'il a presque tout raté : carrière, production littéraire [76], inventions [77] et entreprises minières auxquelles il s'est intéressé et, surtout, sa vie familiale. Une seule chose reste à son actif : ses appels désespérés à la liberté, même si, trop souvent, il les a accompagnés de clameurs assez déplaisantes. Avant de le juger, il ne faudrait pas oublier l'amitié que lui ont vouée ceux qui l'ont connu à Paris et ceux qui, au Canada, lui ont gardé un souvenir fidèle, tel Louis Fréchette. L'amitié est un sentiment bien précieux même si, souvent, il est fugace. Paul Théodore Vibert, lui, n'a pas oublié l'homme qu'il a connu à Paris. Treize ans après son décès, il n'hésite pas à lui dédier son livre sur le Canada et la religion catholique, comme on l'a vu, en rappelant avec émotion son intelligence et sa culture. Il y a là un témoignage qu'il faut garder en mémoire.

Sur sa tombe quelqu'un aurait pu lire ces vers mélancoliques de son ami Fréchette :

> Voyageurs égarés au désert de la vie,
> Combien de malheureux, vaincus par la douleur,
> Dans leur illusion sans cesse poursuivie,
> Meurent sans avoir vu l'oasis du bonheur !

Mais, a dit Hector Fabre plus tard à son neveu, Édouard Fabre-Surveyer : « Nous étions bien peu nombreux à suivre le corps ». Quelle pitié... !

En 1895 donc, Dessaulles meurt à Paris. Revanche des clercs, ce sont les bons Frères qui lui fermeront les yeux dans leur maison où il s'était réfugié.

C'était un volet qui se fermait sur une carrière tumultueuse. Il restait la famille Dessaulles, qui gardait un éclat particulier dans cette bourgeoisie restée à Saint-Hyacinthe ou qui avait essaimé un peu partout au hasard des unions. Chez ces gens, issus de Jean et de Marie-Rosalie Dessaulles, on retrouvait la marque de l'intelligence et de la culture, qui n'est pas le propre de la seule bourgeoisie, mais qui y trouve un terreau propice.

* * *

Il aurait été injuste de ne pas étudier dans la filiation de Jean Dessaulles, ce dernier seigneur, bien différent de ses parents, respectable assurément, même si, à un moment donné, il eut de sa charge une conception peu édifiante, s'il fut honni par un clergé arc-bouté dans ses privilèges et sa haine du libre-penseur.

Louis-Antoine Dessaulles fut un esprit bouillonnant, cultivé et un homme de bonne foi et de bonne volonté, qui n'aurait pas été mécontent d'être le fossoyeur de l'étroitesse d'esprit au Canada français, mais qui, poussé à bout, se contenta d'être le contempteur de Mgr Bourget et du Pape, grand-prêtre de l'ultramontanisme. Malgré ses outrances et ses attaques, il trouva des amis pour le faire élire au Conseil législatif — refuge des politiciens fatigués ou des amis des puissants du jour — et aussi pour le maintenir à la mairie. Car il fut maire de Saint-Hyacinthe de 1849 à 1856. Comment put-il y arriver et y rester, lui qui s'était fait tant d'adversaires, sinon d'ennemis, parmi les honnêtes gens, les mangeurs de balustres et les grenouilles de bénitiers ? C'est sans doute que sa personnalité bouscula ses adversaires, que joua le prestige de sa famille et, peut-être, ce préjugé favorable dont bénéficiera au siècle suivant, une autre forte tête reconnue mais valable, dans la ville de Saint-Hyacinthe. Il convient d'en dire quelques mots ici si l'on veut mieux comprendre le milieu où a vécu Louis-Antoine Dessaulles et où vivra, plus tard, Damien Bouchard qui, en vertu du même processus contestataire, s'élèvera souvent contre un clergé méritoire certes, mais trop puissant et, souvent, étroit d'esprit. Peut-être ainsi déplairai-je à quelques lecteurs qui traiteront de fantaisie, ce qui n'a été que plaisir de rappeler une bien plaisante comédie — celle dont T.D. Bouchard tint le rôle principal — ou de situer un drame — celui de Dessaulles — dans un cadre agréable : celui de Maska, petit bourg, qui a débordé la seigneurie pour devenir Saint-Hyacinthe, ville souriante et industrieuse.

CHAPITRE IV

Le milieu de Saint-Hyacinthe

Le milieu de Saint-Hyacinthe

Saint-Hyacinthe est un bien curieux milieu ; il faut le noter en terminant cette chronique. Petite ville longtemps bourrée à craquer de moines, moinillons, nonnes et non-nettes, d'églises, de chapelles, de communautés religieuses, de clercs de tous poils, elle a donné naissance à un schisme, à un moment donné : des gens *virant capot*, non au point de vue politique, mais religieux, ouvrant un temple sous l'influence de huguenots ou de Canadiens protestantisés — fort honorables par ailleurs — y faisant venir un pasteur contre lequel les forces vives de la religion s'arc-boutèrent aussitôt, afin de colmater la voie d'eau. Malgré cela, en 1886, il y a deux églises protestantes dans la ville, l'une de rite presbytérien et l'autre d'appartenance anglicane.

Laïques et religieux y ont créé un milieu intellectuel intéressant, vivant, valable certainement. Périodiquement, on y a assisté à des poussées d'anti-cléricalisme — comme celle de Louis-Antoine Dessaulles — et à l'expression d'une opinion anti-cléricale latente. Et cela, en face d'admirables exemples de dévouement et d'esprit religieux, comme ceux de Marie-Rosalie Dessaulles, de sœur l'Ange-Gardien — petite-fille très charitable de la seigneuresse — et de beaucoup d'autres, dont ces prêtres qui dirigent ou animent le Séminaire, œuvre d'un XIXe siècle agissant. Au siècle suivant, il y aura d'autres levées de boucliers contre le clergé, à l'époque de M. Damien Bouchard, par exemple. Celui-ci n'était pas isolé. Il avait, en effet, des amis parmi ses concitoyens et même parmi les clercs. Bougon, tête forte, mais brave homme, il a rendu service à bien des gens et à la cause universitaire.

Deux anecdotes savoureuses rappellent le maskoutain devenu député-maire. Premier ministre de la province, son chef, M. Adélard Godbout, s'était engagé à donner le droit de vote aux femmes dans le cadre de l'État provincial. En l'an de grâce 1940, dans le discours du Trône, qui n'était pas encore devenu le discours inaugural, M. Godbout avait annoncé son intention ; ce qui le liait. Or, immédiatement après, le cardinal Villeneuve, pourtant intelligent, eut l'imprudence de déclarer publiquement qu'il était opposé au projet. Astucieux, le Premier ministre lui dit à peu près ceci : « Éminence, devant l'attitude que vous avez prise, je vais démissionner, car j'ai pris l'engagement envers les femmes de ma province de leur accorder le droit de vote. Comme vous le savez, le discours du Trône en a saisi les Chambres. D'un autre côté, je ne veux pas aller contre votre opinion. Il ne me reste donc qu'à me retirer. Je dois vous avertir, cependant, que si je m'en vais, c'est mon ministre *senior* qui me remplacera ». Comme ce dernier était M. Damien Bouchard — catholique assurément, mais forte tête, sinon anticlérical, à l'occasion — le cardinal retira ses objections exprimées un peu hâtivement et la loi fut votée. C'est ainsi que le comté de Saint-Hyacinthe, dont M. Bouchard était le député, rendit service aux femmes qui, dit-on, contribuèrent à faire battre le parti libéral aux élections suivantes, tant elles étaient encore attirées par le magicien du vote qu'était Maurice Duplessis. Comble du paradoxe, celui-ci avait bloqué le projet piloté chaque année par des dames tenaces, à qui il se contentait de dire : « Jamais on n'a vu dans cette enceinte autant de beauté et d'élégance », [78] quitte à faire battre le projet de loi sous des prétextes futiles, mais renouvelés pendant une dizaine d'années consécutives.

L'autre anecdote a sa place dans cette chronique maskoutaine, même si elle se rattache au sujet bien indirectement par le truchement de M. Damien Bouchard, dont elle illustre l'intelligente compréhension de la chose publique et la bonne volonté. La voici.

Incapable de terminer les travaux de construction, le président de l'Université de Montréal avait essayé de convaincre M. Adélard Godbout et son gouvernement d'acheter les immeubles de la rue Saint-Hubert et de la rue Saint-Denis à Montréal pour lui permettre de transporter l'Université le plus tôt possible dans ses nouveaux locaux. Il n'arrivait à rien de positif, car on le renvoyait de Caïphe à Pilate. Il songea à M. Bouchard qui était ministre des Travaux publics. Voici ce qu'astucieusement on imagina avec le concours du chanoine Émile Chartier, grand ami du ministre. Celui-ci serait invité à visiter l'immeuble de la rue Saint-Denis pour lui permettre de constater l'état des lieux. Ce jour-là, les chimistes feraient, dans leurs laboratoires, des expériences à base de soufre qui empuantiraient l'immeuble de la rue Saint-Denis, au point de rendre l'atmosphère presque irrespirable. Ce qui fut dit, fut fait. Quelques mois après le gouvernement se portait acquéreur des deux immeubles au prix fort. Et c'est ainsi que, grâce à la bonne volonté de son député-ministre, Saint-Hyacinthe permit à l'Université de Montréal d'occuper ses locaux nouveaux à la montagne, longtemps avant les Cent Jours de M. Paul Sauvé.

Il ne faut pas écarter dédaigneusement ces deux anecdotes. Plus qu'une longue glose, elles permettent de comprendre certains faits de la politique qui, dans tous les pays, tient de la jungle, du drame ou de la comédie selon les jours et les moments.

* * *

Pour terminer cette chronique, voici un bref témoignage sur Saint-Hyacinthe, son collège et son milieu, rendu par le juge Ignace Deslauriers [79]. Dans un bulletin, destiné à ses collègues de la Cour supérieure, le magistrat a réuni les noms des juges, des hommes politiques et des avocats célèbres qui ont été formés à Saint-Hyacinthe, en sont venus ou y ont vécu. En voici l'énumération ; elle est intéressante tant par le nombre que la qualité des titulaires et parce qu'elle se relie à ce collège auquel Jean Dessaulles et sa femme se sont tellement intéressés :

Deux juges de la Cour suprême du Canada, un juge de la Cour fédérale, trois juges de la Cour d'appel, trente-trois juges de la Cour supérieure, vingt juges aux cours du magistrat, des sessions de la paix et provinciale, quatre juges à la Cour du bien-être social.

À cela s'ajoutent les noms de sept lieutenants-gouverneurs : sir Adolphe Chapleau, l'honorable Rodrigue Masson, sir François Langelier, l'honorable Louis-Philippe Brodeur, l'honorable Narcisse Pérodeau, l'honorable Gaspard Fauteux, l'honorable Alexander Campbell. Ainsi que neuf Premiers ministres du Canada-Uni ou de la province de Québec : Augustin-Norbert Morin, Louis-Victor Sicotte, Gédéon Ouimet, Charles de Boucherville, Honoré Mercier, sir Adolphe Chapleau, MM. Félix-Gabriel Marchand, Daniel Johnson et Jean-Jacques Bertrand. Il y a aussi M. Marc-Amable Girard qui fut Premier ministre du Manitoba. Comme les autres, il était un ancien élève de ce collège, fondé en 1811, par messire Girouard, curé de Saint-Hyacinthe, avec l'appui du seigneur Jean Dessaulles comme on l'a vu.

Il faudrait ajouter les industriels, les commerçants, les assureurs, les intellectuels, les enseignants qui, à travers plus d'un siècle, ont fait, de la Maska d'autrefois, une

petite ville qui a connu les crises, mais les a aussi sur-
montées. Ils y ont créé une atmosphère et une activité
propres, à l'écart de Montréal, dans un cadre bien agré-
ble. C'est, je pense, ce qu'il faut noter en terminant cette
étude : simple esquisse d'une famille et d'un milieu assez
exceptionnels [80].

Postface

Qu'ai-je voulu faire de cette étude ? Oh ! peu de choses en vérité : présenter dans la grande comédie humaine du XIXe siècle, une famille — les Dessaulles — qui a vécu à Saint-Hyacinthe sous le régime seigneurial. Celui-ci a régi la colonie française, devenue anglaise après 1763, tout en contribuant à garder à ses gens leurs vertus, leurs habitudes, leurs défauts casaniers, repliés sur eux-mêmes. Ils sont restés francophones comme on dit maintenant, par suite de leur isolement et de la volonté de leurs chefs : ces curés et la bourgeoisie naissante, dont on a dit du mal mais à qui on doit à la fois beaucoup de choses et quelques défauts marquants. Assez curieusement, mais ce qui explique tout, cette société ils ont voulu qu'elle restât française par crainte du protestantisme, mais aussi qu'elle fût aussi peu française que possible par haine de l'anticléricalisme. Ils ont réussi à lui donner ainsi son caractère propre, tout en l'affaiblissant parce qu'ils n'ont pas su lui indiquer d'autres horizons que la terre, la politique et la religion.

Pendant tout le XIXe siècle, à Saint-Hyacinthe a vécu une société en grande partie rurale, assez curieuse, mais aussi caractéristique de l'époque. Comprimée par un clergé exigeant pour les choses de Dieu, elle a été directement sous son emprise. Périodiquement, toutefois, on y a protesté vigoureusement contre un pouvoir excessif ; avant la lettre, certains ont contesté tout bas ou tout haut suivant leur tempérament et leur caractère. Parfois, le couvercle de la marmite a sauté.

Une famille marque le milieu autant que les prêtres eux-mêmes dont elle suit les directives, sauf l'un de ses membres qui a une indépendance d'esprit s'accommodant mal des contraintes. Il est fortement influencé par deux hommes : son oncle Louis-Joseph Papineau — le rebelle impénitent — et Robert-Félicité de LaMennais, moraliste gallican, écrivain, prédicateur fougueux qui tend à la liberté intégrale : chose que ne peut pas admettre un milieu religieux axé sur la papauté et sur ses directives.

Avant ce Louis-Antoine Dessaulles qui secoue ses chaînes avec un grand bruit et quelques vociférations, il y a eu Jean Dessaulles, homme pieux qui collabore avec son curé pour le bien de ses censitaires ; il y a surtout Marie-Rosalie, sa femme. Très Papineau, elle aussi, vivant dans la crainte et l'amour du Seigneur, mais gaiement, industrieusement, mettant tout son cœur à aider son prochain. Ainsi, quand les événements l'exigent, elle viendra à la rescousse des plus malheureux. Elle fera même l'impossible, un jour quand les choses se gâteront, en 1837, pour mettre à l'abri son frère et son neveu Amédée, quand, déchaînés après l'insurrection, les pouvoirs publics voudront se saisir des *rebelles* et quand le clergé lui-même blâmera les *patriotes,* au point de leur refuser la sépulture ecclésiastique s'ils meurent les armes à la main.

C'est ce milieu que j'ai cherché à recréer dans ces pages écrites avec le plaisir, sinon la joie, de faire revivre une époque et des gens qui ont contribué à la faire. Oh ! pas des héros assurément, mais des êtres humains avec leurs qualités et leurs défauts. Qu'on me pardonne si, en traçant quelques aspects de leur caractère, je les ai mal compris ou inconsciemment trahis. J'ai aimé Jean et Marie-Rosalie Dessaulles, mais aussi Louis-Antoine qui, dans toute son œuvre, a cherché avant tout la liberté, ce bienfait, mais aussi ce maléfice des dieux.

Notes et renvois

1. Maskoutain vient de Maska. C'est ainsi que l'on appela ce qui, par la suite, devait devenir la ville de Saint-Hyacinthe. Depuis, on a appris à distinguer entre Grand Maska et Petit Maska, appellations locales qui ne dépassent pas l'usage de tous les jours. Dans son livre, *Topographical Dictionary of Lower Canada*, publié à Londres en 1832, Joseph Bouchette distingue entre le bourg et la seigneurie de Saint-Hyacinthe : l'un étant né de l'autre. Dix-sept ans auparavant dans son premier livre (*Topographical Description of Lower Canada*), il lui avait accordé de 80 à 90 maisons. C'est de là qu'on est parti pour arriver à l'actuelle municipalité, siège d'un diocèse, d'un collège renommé, d'innombrables églises, chapelles et autres lieux de piété, d'usines, petites et moyennes, qui ont traversé les crises sans trop d'encombre. Pendant celle de 1929-32, par exemple, elles résistèrent bien mieux dans l'ensemble que celles de Montréal où régna un effroyable chômage.

2. Seigneur de Saint-Charles, Pierre-Dominique Debartzch (1782-1846) a une carrière très active. En 1837, il entre au Conseil exécutif après avoir été co-député de Kent avec Louis-Joseph Papineau de 1809 à 1814 et après avoir fondé des journaux réformistes ; à un moment donné, il laissa ses amis de l'opposition pour passer dans l'autre camp.

Son manoir de Saint-Charles servit aux insurgés en 1837. Jean-Jacques Lefebvre, à qui nous devons ces détails, a écrit une longue étude sur Pierre Debartzch dans la *Revue Trimestrielle Canadienne* de 1941 (p. 186 et suivantes). Nous y renvoyons le lecteur, curieux de ces personnages qui, au Canada français, ont fait le dix-neuvième siècle et préparé le vingtième.

3. Né à Saint-François-du-Lac, Jean Dessaulles a perdu ses parents en bas âge. Il a été accueilli par sa tante Madame Jacques-Hyacinthe de l'Orme, qui l'a élevé à Saint-Hyacinthe, en la compagnie de son cousin dont il devait plus tard être l'héritier.

Le testament de Hyacinthe-Marie Delorme est, semble-t-il, au greffe du notaire Joseph Papineau, à la Cour supérieure de Montréal. En voici le texte que nous empruntons à Claude Morgan, nom de plume de l'abbé François Langelier, professeur au collège de Saint-Hyacinthe. Si nous le citons ici, c'est qu'il nous paraît caractéristique de l'époque :

« L'an mil huit cent quatorze le troisième jour de février avant midi, les notaires Publics de la Province du Bas-Canada, Résidents actuellement, l'un en la paroisse St-Hyacinthe seigneurie de St-Hyacinthe et l'autre en Montréal, soussignés, s'étant exprès transportés au Manoir seigneurial de la dite seigneurie de St-Hyacinthe où ils ont été mandés à l'effet des présentes où étant en une chambre faisant face au sud-est au pignon du sud-ouest, est comparu le sieur Hyacinthe Marie Delorme, Ecuyer, Seigneur du dit St-Hyacinthe, lequel étant indisposé de corps, mais sain de mémoire, jugement et entendement, ainsi qu'il est apparut aux Notaires soussignés, a fait nommé et dicté son présent testament et ordonnances de dernières volontés en la manière qui suit :

Premièrement, a recommandé son âme à Dieu Tout Puissant, le suppliant par son infinie miséricorde de lui pardonner ses offenses et le recevoir au nombre des Bienheureux.

Veut et ordonne le dit testateur que ses dettes soient payées et torts si aucuns se trouvent, réparés par son exécuteur testamentaire ci-après nommé.

Veut et ordonne le dit testateur que son corps soit inhumé décemment et simplement dans l'église de la paroisse de St-Hyacinthe avec un service le corps présent ou le plus prochain jour en suivant que faire se pourra, pareil service six mois après son décès et un troisième service un an après son décès, et qu'il soit célébré cinq cents messes basses pour le repos de son âme et à son intention, à raison de cent messes par chacun an pendant les cinq années qui suivront son décès, s'il n'est pas possible de les faire célébrer plus promptement.

Donne et lègue à Demoiselle Geneviève Drolet, fille de Louis Drolet et de Charlotte Robitaille, une rente annuelle et viagère de vingt cinq livres cours actuel de la Province, et vingt cinq minots de bled froment pur et loyal et marchand, mesure de Paris et convertis en farine à lui estre payé en deux payements égaux, de six mois en six mois de bled mis en farine à chaque payement dont le premier sera dû et payé un mois après le décès du dit testateur et ainsi continuer de six mois en six mois la vie durante de la dite Geneviève Drolet et à son décès la dite rente viagère sera éteinte et amortie.

Donne et lègue le dit testateur à André Vertu dit Bélair, jeune homme qui demeure avec le dit testateur une somme de quarante livres, cours actuel de la Province, et une fois payé et à estre employé par le légataire universel du dit testateur ci-après nommé à faire enseigner au dit André Vertu à lire, écrire et compter ou apprendre un métier selon que le dit André Vertu aura plus de disposition et l'entretenir le temps de son instruction.

Donne et lègue le dit testateur à Angélique Jeanson, femme de Michel Vertu dit Bélair, une rente annuelle et viagère de douze minots de bled et cent quatre vingt livre de beau lard payable sa vie durante d'année en année et dont le premier payement sera dû et échu deux mois après le décès du dit testateur et au décès de la dite Angélique la rente sera éteinte et amortie.

Et quant aux autres biens meubles et immeubles soit fiefs ou Roture, or et argent monayé et non monayé, dettes actives et généralement tout ce qui se trouvera estre et appartenir au testateur au jour et heure de son décès et nommément tous ses droits et prétentions au fief et seigneurie de St-Hyacinthe, moulins, domaines, Manoirs, et tous droits utiles et honorifiques qui en dépendent, le dit testateur les donne et lègue en pleine propriété au sieur Jean Dessaulles, Ecuyer, son cousin germain, qu'il institue son légataire universel et à la discrétion et prudence duquel il s'en rapporte pour l'exécution du présent testament, se désaisissant entre ses mains de tous ses biens en vertu des présentes.

Ce fut ainsi fait, nommé et dicté, par le dit testateur aux Notaires soussignés et par l'un d'eux l'autre présent lû et relû qu'il a dit bien entendre et comprendre et y a persisté les jour, an lieu susdits, révoquant tous autres testaments ou codiciles qu'il pourrait avoir ci-devant fait et signé avec nous Notaires lecture faite deux fois, cinq mots rayés nuls. (Signé) H.M. Delorme, Jh. Papineau N.P., N.B. Doucet, N.P.

4. Le chanoine Saint-Pierre, professeur au collège de Saint-Hyacinthe, tient beaucoup à ce titre qu'il a trouvé dans le contrat du premier mariage de Jean Dessaulles, à Montréal, en janvier 1799 — date de l'événement. Ce dernier était aussi lieutenant de milice. Archives du Séminaire de Saint-Hyacinthe.

5.   Maska — nom également donné au bourg naissant — était sans doute une contraction de Yamaska : rivière qui passe à Saint-Hyacinthe et qui va se jeter dans le fleuve Saint-Laurent, après de multiples méandres, coïncidant avec la résistance des sols. Dans *Né à Québec*, Alain Grandbois rappelle que, du côté du Mississipi, il y avait au XVIIᵉ siècle une tribu que l'on appelait les Mascoutins. La concession de la Seigneurie de Maska date du 23 septembre 1748. Voici comment Joseph Bouchette la résume :

« Concession du 23me Septembre 1748, faite par Rolland Michel Barrin gouverneur et François Bigot, Intendant, au sieur François Rigaud, seigneur de Vaudreuil, de six lieues de front, le long de la rivière Yamaska, sur trois lieues de profondeur de chaque côté d'icelle ; les dites six lieues de front à prendre à sept lieues de l'embouchure de la dite rivière, qui sont les dernières terres concédées. Registre d'intendance no 9, folio 36. »

6.   Le nom du personnage qui fait l'objet de cette étude s'est écrit suivant les lieux et les moments : Dessaulles, Desaule, Dessaulle, De Solles ou Desol. Et aussi de Saulles dans un vieux document apporté de Suisse par l'immigrant.

Ce document est intitulé « Lettre d'origine accordée par l'Honorable Communauté de Fenin à l'Honnorable Jean-Pierre De Saulles du dit Fenin, du 18 décembre 1759 ». Il y est dit ceci, entre autres choses :

« L'honnorable Communauté de Fenin, Comté de Vallangin étant assemblée pour vaquer à ses affaires s'est présenté Honnor. Jean-Pierre, fils de Jean-Jacques De Saulles du dit Fenin, Bourgeois de Vallangin, lequel a été proposer ; Qu'ayant formé le dessein d'aller dans les Pais étrangers il lui convenait d'avoir acte d'Origine de son lieu, aussi bien que de sa vie mœurs et conduite pour s'en servir ou il conviendra. Sur quoi les honnor. Jean Antoine Dessous Lavy faisant la fonction de Gouverneur pour Noble P Pierre Meuron, avec le Soussigné ses Gouverneurs, ayant participés de Voix unanime que l'on accordait audit Jean-Pierre de Saulles les fins de sa Demande, qu'il est bien issu en loyal mariage du dit Jean-Jacques De Saulles et de Susane Marie Chavarnai, ses Père et Mère d'honnêtes gens & sans reproche, communier du dit Fenin, & Bourgeois de Vallangin. »
...

7.   L'Écho du Pays — journal de Saint-Denis, 9 juillet 1835. Fondé par P.D. Debartzch en 1834.

8.   L'évêque Plessis en est conscient, malgré l'apport des prêtres français. Après la Révolution, quand Napoléon apportera une solu-

tion au problème religieux en France avec le Concordat, la source sera tarie ; mais tant que le courant d'immigration dura, il rendit service parce que l'évêque de Québec enverra tous ceux qu'il pourra convaincre vers les paroisses nouvelles. Si on permit l'émigration d'Angleterre, c'est, semble-t-il, qu'on espérait par là prévenir davantage les francophones contre la France anticléricale et révolutionnaire.

9. Par élite au Canada français, on entend généralement la bourgeoisie et les carrières professionnelles ; malheureusement, on ne pense pas à ceux dont la fonction est de s'enrichir, de créer, de produire et de faire bénéficier leurs coreligionnaires et compatriotes des richesses nouvelles. Il n'était pas nécessaire de convaincre les anglophones de l'utilité du commerce, pas plus que les Israélites qui accompagnèrent les armées et restèrent sur place après la conquête.

10. Madame F.L. Béique l'a fait déjà dans un livre consacré à sa famille, où tout naturellement son grand-père et sa grand-mère Dessaulles ont leur large place. Je tiens ici à rendre hommage à l'auteur de ce livre qui l'a intitulé : *Quatre-vingts ans de souvenirs — histoire d'une famille,* paru à l'Action canadienne-française en 1939.

11. Être député, à cette époque, n'est pas une sinécure. Il lui faut passer de longs mois à Québec, loin de sa famille et de ses affaires, car les communications sont difficiles, lentes, irrégulières et dangereuses au moment de la débâcle en particulier. Et puis, le député n'est pas rémunéré ou même indemnisé pour ses frais. Pour Jean Dessaulles, le problème pécuniaire n'est pas grave, car une fois devenu seigneur, il a un revenu assez substantiel que sa femme surveille de près, en son absence.

Ce n'est qu'à partir de 1833 qu'on se résoudra à rémunérer le représentant du peuple.

12. Lettre de Jean Dessaulles à sa femme, datée du 6 mars 1819. Fonds Papineau-Dessaulles au Musée McCord, à Montréal.

13. Lettre de lord Aylmer du 9 novembre 1831 adressée à Jean Dessaulles ; lettre du 19 décembre 1831 de Jean Dessaulles à lord Aylmer et, enfin, lettre de lord Aylmer à Jean Dessaulles du 19 décembre 1831, dans laquelle le même jour le gouverneur accepte la condition posée.

14. On trouve, au Musée McCord, cet échange de lettres entre le gouverneur Aylmer et le député Jean Dessaulles. Fonds Papineau-Dessaulles.

Monseigneur Plessis avait été nommé au Conseil législatif en 1817. Sa nomination avait donné lieu à une levée de boucliers de la part de l'Église anglicane du Bas-Canada. Seul reconnu officiellement, l'évêque Mountain protesta vigoureusement. Le gouvernement anglais maintint son attitude car si, en Angleterre, la religion catholique n'avait pas de privilèges particuliers — bien au contraire — il fallait donner à l'évêque de Québec quelques gages qui justifieraient sa fidélité au régime.

Une fois de plus, les milieux officiels se montrent beaucoup plus compréhensifs dans la métropole que dans la colonie où on voit mal le problème parce qu'on est trop directement concerné.

15.   Lord Aylmer est gouverneur en chef du Canada à ce moment-là. Lord Gosford le sera en 1835. Tous deux s'efforcent de rapprocher les partis opposés : le premier, assez maladroitement, il faut le dire.

Pour comprendre l'importance que l'on cherche à donner à lord Aylmer, voici comment on le présente dans les Journaux du Conseil législatif de la première session du Quinzième Parlement Provincial en 1835 : « Le Très Honorable Matthew Lord Aylmer, Chevalier Commandeur du Très Honorable Ordre Militaire du Bain, Capitaine général et Gouverneur en chef dans et sur nos Provinces du Bas-Canada et du Haut-Canada, Nouvelle-Écosse, Nouveau Brunswick et leurs diverses dépendances, Ec. Ec. Ec. » C'était l'époque où l'on ordonnait sérieusement : « That the said Address be engrossed » et, en français « que la dite Adresse soit grossoyée ». P. 270 — 183 — Journaux du Conseil Législatif. Ce n'était pas un anglicisme, toutefois. *Robert* ne donne-t-il pas la définition suivante de ce terme de procédure notariale : « v. tr. conjug. noyer (1335 ; de grosse, n. f.) Dt. Faire la grosse de V. copier, expédier. Notaire, greffier qui grossoie un acte, un jugement, un contrat ».

Dès son arrivée à Québec la même année, lord Gosford semble plus souple. Malheureusement, il a reçu des instructions avant son départ. On lui a suggéré d'être aimable, de faire des déclarations favorables à l'évolution du régime, tout en retenant l'essentiel. Une bombe éclate quand une fuite en provenance du Haut-Canada révèle les directives de Londres. Alors rien ne va plus, même si certains essaient de donner à l'événement aussi peu d'importance que possible.

Lord Gosford était également un assez grand personnage. Irlandais, protestant (ce qui était une première erreur commise en haut lieu) ; il est pair d'Irlande et comte de Gosford.

Pour mieux comprendre cette période difficile, il est intéressant de lire l'excellent livre de Robert Rumilly sur Papineau.

Étienne Parent est favorable à la bonne volonté exprimée par lord Gosford, en particulier. Il préconise le rapprochement. Ainsi, il écrit : « Nous atteignons le but petit à petit ; il ne faut pas refuser une main qui se tend ; il faut surtout éviter la violence ». Il semble bien que ce soit l'opinion de Jean Dessaulles également ; mais il meurt bientôt.

16. Philippe Aubert de Gaspé, dans *Les Anciens Canadiens*. Page 356. Chez Fides, 1967.

17. Il faut lire à ce sujet un bien intéressant article de Thomas Matheson, dans la *Revue d'Histoire de l'Amérique française*. Volume 13. Page 476. *La Mennais et l'éducation au Bas-Canada*. Il y a aussi les pages que consacre le père Antonin Plourde à l'abbé Raymond et à La Mennais dans les *Dominicains au Canada*, Volume I, aux Éditions du Lévrier.

18. Dans son *Histoire du Séminaire de Saint-Hyacinthe*, le Chanoine C.P. Choquette rappelle les débuts modestes, les difficultés, les discussions sans nombre, puis la marche des travaux. Tome I. Imprimerie de l'Institution des Sourds-Muets (1911).

19. Fonds Papineau-Dessaulles. Musée McCord, à Montréal.

20. *Ibid.*

21. Sa lettre du 21 novembre 1800, à ce sujet, est bien caractéristique. Elle est adressée au ministre de l'Intérieur, duc de Portland, de qui sir Robert relève. Voir Archives Canadiennes : Série Q, vol. 85.

22. Madame F.L. Béique. *Ibid.* P. 104.

23. Cité par le Chanoine Choquette dans le Chapitre IV de son livre sur l'histoire de Saint-Hyacinthe. Vol. I, p. 84.

Prêtre du Séminaire, M. Raymond fréquente chez Mme Dessaulles. Il est fort bien placé pour parler de l'atmosphère qui règne au manoir.

M. Raymond est le frère de Mme Augustin-Norbert Morin qui, après la mort de son mari, viendra habiter à Saint-Hyacinthe. Avant de mourir, elle donnera au Séminaire les papiers de son mari qui constituent le Fonds Morin.

24. Louis-Joseph Papineau n'assiste pas aux obsèques pas plus, semble-t-il que Denis-Benjamin Papineau, que Joseph Papineau et

Pierre Debartzch ; tout au moins leur nom n'apparaît pas parmi les signataires du registre le 23 juin 1835. Si les trois Papineau y avaient été, c'est à eux sans doute qu'on aurait demandé de s'inscrire d'abord, tant Louis-Joseph, en particulier, jouissait d'un grand prestige. Un peu plus tard, Mgr Bourget parlera de ses incartades au moment du soulèvement de 1837, mais ce n'est pas l'opinion des foules qu'il électrise encore avec des discours enflammés qu'il prononce imprudemment. Pendant longtemps, on dira d'un esprit médiocre : ce n'est pas la tête à Papineau. L'autre jour, une aimable femme —- Canadienne qui habite à Nice — me confirmera à Biot, au cours du déjeuner, qu'on le disait encore dans sa famille il n'y a pas bien longtemps. Un peu plus tard, à la télévision de Radio-Canada, un abbé, farfelu et sympathique, emploiera l'expression.

Autre détail qui montre le prestige dont Papineau jouit. Dans son « Histoire du Séminaire de Saint-Hyacinthe », le Chanoine Choquette note : « L'orateur (c'est-à-dire le président de la Chambre), Louis-Joseph Papineau, viendra voir ses enfants et ses neveux qui font ici leurs classes. Ses visites seront souvent des événements historiques. Il entretiendra des rapports d'amitié avec les directeurs du Collège et des relations politiques avec les citoyens. Tous l'accueillent avec des sentiments de respect pour sa personne, de considération pour la famille seigneuriale dont il est l'hôte intime, de gratitude aussi pour la seigneuresse Dessaulles, sa sœur » (p. 84). On voit par là que si Louis-Joseph Papineau était considéré comme un personnage de marque, sa sœur, la châtelaine au grand cœur, jouissait à Saint-Hyacinthe d'un prestige au moins égal.

25.   Certificat d'enregistrement du Comté de Saint-Hyacinthe. Paragraphe 6°. Papiers Papineau. Archives Publiques Ottawa. MG 24. B4. Vol. 7.

26.   La seigneurie est en effet très grande. Elle est au point de départ de nombreux villages quand, plus tard, à la place des bûcherons, il y aura des paysans, puis des villageois et des paroisses. Il y aura également des routes carrossables, puis une voie de chemin de fer. Dans l'intervalle, Saint-Hyacinthe sera l'endroit où les voyageurs passeront en route vers le pays voisin. Et c'est pourquoi, dès 1815, Bouchette y note l'existence de plusieurs auberges.

27.   Joseph Bouchette. *Ibid.*

28.   Notes de Mme Jean Raymond. Certaines de ces lettres ont fait l'objet d'une conférence donnée par Mme Henriette Dessaulles-

Saint-Jacques, au Cercle Universitaire de Montréal, sous le titre de « Nos grand-mères ». Il ne faut pas confondre avec celle que prononcera Napoléon Bourassa et dont le texte, accompagné d'une bien jolie illustration représentant Rosalie Cherrier, se trouve à la Collection Gagnon de la Bibliothèque Municipale.

29. Notes de Mme Jean Raymond.

J'y ajoute ceci qui place Pierre de Rocheblave dans le milieu. En fait, il s'appelle Pierre Rastel de Rocheblave ; il est le fils de Philippe-François de Rocheblave qui, à titre de député de Surrey de 1792 à 1802 fit équipe avec Joseph Papineau et plusieurs autres, à l'Assemblée législative, immédiatement après la Constitution de 1791. Son fils Pierre connaissait bien l'Ouest, car il avait été très mêlé à la traite des fourrures au-delà des Grands Lacs pour le compte de la XY Company d'abord, puis pour la compagnie du Nord-Ouest quand celle-ci eut englobé la XY. Il n'est pas étonnant que, dans ces conditions, on lui ait confié la direction d'une troupe destinée à renforcer la garnison du Fort Michillimakinac, au moment de la guerre contre les Américains en 1812. Voir à ce sujet *The MacMillan Dictionary of Canadian Biography* et le *Dictionnaire général du Canada* du père Le Jeune.

30. Il fut président de la Banque de Saint-Hyacinthe, qui rendit service dans la région, mais qui eut une existence éphémère. Fondée en 1873, elle cessa d'exister en juin 1908, après qu'elle eût consenti un prêt hors de proportion de ses ressources. Voir à ce sujet, l'*Histoire de Saint-Hyacinthe* de Monseigneur Choquette, p. 296. La Banque avait accordé son aide au Chemin de fer des Comtés-Unis qui, au début du siècle actuel, passait par les régions rurales des Cantons de l'Est, ramassait les produits agricoles et les transportait vers les États-Unis. Un jour, la voie ferrée fut en difficulté et les portes de la Banque durent être fermées. Les actionnaires payèrent la double indemnité que prévoyait la loi des banques à ce moment-là et les principaux intéressés comblèrent la différence. Ce ne fut pas un cas isolé. Il en fut ainsi tant qu'un contrôle sévère n'exista pas ; ce qui amena petit à petit l'existence d'un nombre restreint d'établissements bancaires considérables, solides, capables de faire face aux crises, avec, faut-il le noter, des actionnaires libérés d'une responsabilité correspondant au double des actions souscrites par eux.

31. Cette nouvelle seigneurie sera connue sous le nom de seigneurie de Rosalie.

32.   Ce qui est dans la tradition française de l'époque, semble-t-il.

33.   *Quatre-vingts ans de souvenirs. Histoire d'une famille.* Aux Éditions Bernard Valiquette, 1939.

34.   Le problème de l'instruction est difficile à résoudre dans ces familles aisées qui habitent en dehors des petites villes ou des endroits où il y a un collège ou un couvent. Voici par exemple un extrait d'une lettre adressée de Saint-Denis à une de ses cousines, par une mère qui s'inquiète de la formation de sa fille. Mme Jean Raymond nous la communique sous réserve du nom. Elle lui vient de sa famille, cependant. La lettre montre comme déjà on se préoccupe de la formation des jeunes filles dans certaines familles. « Tu as donc deviné que je serais bien aise de remplacer Mlle Amanda. Bonne, sensible, serviable d'accord, mais c'est une institutrice qu'il me faut. Julie a quatorze ans, elle ne sait pas grand chose et je tiens à ce qu'elle reçoive un enseignement suivi et solide, tu connais mes idées là-dessus : je ne réserve pas aux garçons seuls l'avantage d'une bonne instruction.

Les femmes intelligentes et ignorantes sont bien à plaindre, les sottes ignorantes sont presque aussi nuisibles à leur entourage que si elles étaient méchantes et je prétends qu'une femme de bonne famille doit être assez instruite pour être à l'aise avec tous ceux qu'elle rencontre, faire honneur à son mari et bien élever ses enfants.

Je n'ai pas de grandes exigences d'ailleurs en demandant qu'une jeune fille de dix-huit ans sache lire agréablement, qu'elle écrive le français avec aisance et sans faute, qu'elle comprenne l'anglois et le parle suffisamment bien et qu'elle le traduise avec facilité. Assez d'arithmétique pour n'être pas perdue devant quelques fractions et pour ne pas compter sur ses doigts. Une bonne formation religieuse s'impose : l'église, la famille y concourrent avec l'institutrice. En géographie, des notions claires afin qu'elle sache toujours situer les pays dont elle entend parler. Sans désirer qu'elle soit savante en astronomie, il faut qu'elle en connaisse les éléments et qu'elle soit familière avec les éléments et le nom des planètes et des étoiles principales. Je veux qu'elle connaisse les éléments de la géologie et les grandes lignes de l'histoire, assez pour qu'elle comprenne d'une façon claire comment le monde physique et politique dans lequel nous vivons est devenu ce qu'il est. J'ai toujours trouvé stupides, les femmes qui ne savent pas reconnaître et nommer les plantes, les arbres, les céréales, ce qui pousse dans nos jardins, nos champs, nos bois. Des rudiments de musique et de dessin sont utiles. Voilà à peu près ce que Mlle Tussault devra enseigner à Julie. Son père et moi suppléeront aux lacunes probables. Tu ne m'offrirois pas cette personne si elle n'était pas de bonne éducation et de bonnes manières. Les honoraires dont tu me parles nous paraissent raisonnables. »

De son côté, Mme Jean Dessaulles accepte de se charger de sa nièce, la fille de Denis-Benjamin Viger, quand elle est en âge de s'instruire. Elle la fait entrer au couvent, tout à côté de son manoir, que dirigent les Sœurs de la Congrégation Notre-Dame.

35. L'épidémie atteint l'Europe aussi bien que l'Amérique ; mais elle épargne certaines villes. C'est ainsi qu'à Nice, le conseil municipal s'engage à élever une église en souvenir de saint Jean-Baptiste pour que la ville soit protégée. Elle le fut, mais ce n'est que vingt ans après que le conseil municipal tint parole puisque l'actuelle église Saint-Jean-Baptiste fut bénite en 1852. Elle est connue sous le nom d'église du Vœu.

36. Voir Papineau — textes choisis et présentés par Fernand Ouellet, dans les « Cahiers de l'Institut d'histoire de l'Université Laval », p. 58.

37. Très mêlé au commerce des fourrures au Canada avec la compagnie XY, auprès de laquelle il représente un groupe de Londres, Edward Ellice négocia à Montréal une entente entre cette compagnie et celle du Nord-Ouest au début du XIXe siècle. Plus tard, il contribua à fondre cette dernière et la Compagnie de la Baie d'Hudson, dite *Gentlemen Adventurers of the Hudson Bay* ; ce qui donna lieu à la création d'un quasi-monopole et à l'orientation du commerce des fourrures en très grande partie vers le Nord, alors qu'il avait suivi si longtemps la voie du Saint-Laurent.

Edward Ellice fut aussi seigneur de Beauharnois. De retour en Angleterre, il devint député, puis ministre dans le Cabinet de Londres. Très consulté par le gouvernement anglais sur les affaires du Bas-Canada, il était le représentant officieux des marchands de Montréal qui avaient en lui un excellent interprète, auquel se heurta fréquemment Denis-Benjamin Viger dans ses fonctions d'agent de l'Assemblée législative du Bas-Canada. Source : The MacMillan Dictionary of Canadian Biography. Third Edition. P. 216.

38. Dans un article paru à la *Revue Canadienne* en 1908 et qui fit l'objet d'un chapitre dans son histoire du Séminaire de

Saint-Hyacinthe, le Chanoine Choquette écrit : « Les directeurs du collège, M. Jean-Charles Prince, M. Joseph LaRoque et M. Joseph-Sabin Raymond, seuls membres de la corporation, seuls responsables de la politique de la maison, n'ont jamais encouragé la rébellion ; je l'affirme positivement et l'on me croira sans peine » (p. 412).

Un peu plus loin, il ajoute cependant : « Nous avons toujours soupçonné M. Tétreau de s'être enflammé aux jours de 1837. Son vieux camarade de classe, M. Joël Prince le faisait rougir comme une pivoine en rappelant devant nous, les jeunes prêtres, certain discours incendiaire prononcé au cours d'une promenade des élèves au bois. Et aux petits amis qui fréquentaient chez lui vers 1870-73, M. Tétreau relatait, avec complaisance sensible et, avec force, maints détails des incidents de cette époque historique.

« Il nous parlait de D.-B. Viger, de Papineau, de La Fontaine. Un portrait de l'Orateur occupait une place d'honneur parmi les rares et frustes ornements de sa chambre. Il me semble voir encore une image dans l'angle sud, sur une petite table demi-circulaire. Un jour, au moment où j'entrais, le portrait glisse entre la table et le mur, jusqu'au plancher. Je m'avance pour le relever : « Laissez-le, il est bien là », me dit brusquement M. Tétreau et le vieil ami m'apprit la tristesse dans l'âme, la fin malheureuse du grand tribun qui venait de s'éteindre, de la manière que l'on sait, dans son manoir de Monte-Bello. Le portrait demeura longtemps par terre. Je comprends que, avec lui, l'exaltation d'antan du collégien d'un autre âge avait sombré pour toujours. »

Il ne semble pas qu'avant de mourir, Papineau soit revenu au catholicisme ; c'est cela qui bouleverse l'excellent prêtre qu'était l'abbé Tétreau.

39. Le dictionnaire ne reconnaît pas le mot *seigneuresse*, d'usage courant dans le Bas-Canada d'autrefois. Il indiquait non pas uniquement la femme du seigneur dans le régime seigneurial, instauré par Louis XIV au dix-septième siècle, mais celle qui détenait tous les droits, devoirs et prérogatives du seigneur. C'est ainsi que Marie-Rosalie Dessaulles fut connue sous le nom de seigneuresse de Saint-Hyacinthe à la mort de son mari, en attendant, d'après le testament, que son fils aîné hérite de son père, le titre et le fonds. Autres exemples, dans la liste des seigneurs du Saint-Laurent qu'il cite dans son livre sur les débuts du régime seigneurial, M. Marcel Trudel mentionne le cas de la veuve de Jean Lauzon, fils de Mme Lauson de la Citière, de la veuve Louis d'Ailleboust, de Mme

Pierre Legardeur de Repentigny, de Mme Chavigny de Berchereau et Gourdeau de Beaulieu. Si, maintenant, la directrice d'un grand établissement demande qu'on l'appelle Madame le directeur ou si une femme — sénateur — insiste pour qu'on la connaisse sous le nom de Mme le sénateur, la seigneuresse n'avait aucune objection à ce qu'on l'appelât ainsi. Il faut dire que le Protocole ne la forçait pas d'agir autrement.

40. Cette lettre est une copie de celle que le sénateur Georges-Casimir Dessaulles a remise à Monseigneur Choquette, qui désirait avoir un original pour le Séminaire de Saint-Hyacinthe. Dans le fonds Papineau, si le plus grand nombre des lettres sont des originaux, il y en a un certain nombre qui ont été recopiés de la main des descendants du côté Bourassa ou Dessaulles, comme on l'a noté ici et là.

41. Julie Bruneau est la fille aînée de Pierre Bruneau, négociant de Verchères. Elle a épousé Louis-Joseph Papineau en 1818. Comme sa vie a été pénible ! Souvent malade, elle a eu de nombreuses maternités qui l'ont affaiblie. Et puis, il y a son mari au caractère volontaire, fougueux, qui l'entraîne dans son sillage jusqu'au moment où elle n'en peut plus. Plus tard, en 1838, elle le rejoindra aux États-Unis d'abord, puis en France. Revenue au Canada avant lui, elle refusera d'aller habiter dans cette maison qu'il construira à Monte-Bello, en partie pour elle. Ce n'était pas tout à fait l'actuel *Club House* du Seigniory Club, où l'on donne coquetels et fêtes pour les commensaux de l'hôtel, mais c'était une belle maison où le maître de céans avait logé sa bibliothèque.

C'est dans son domaine qu'à pied ou à cheval, mélancoliquement, il se promenait après son retour d'Europe. Bien isolé, il songeait sans doute souvent à ce qu'il avait été et à ce qu'il aurait pu être. Et puis, il y avait tous ces deuils qui fondaient sur lui et sur sa femme : Gustave mort à vingt et un ans, Lactance à quarante ans, Azélie à trente-cinq ans. Tout cela l'avait rendu d'autant plus triste et amer qu'il avait lu ou fréquenté certains des romantiques français et qu'il avait subi leur influence. Comme eux, il avait tendance à prendre le ciel à témoin de ses malheurs.

Julie Papineau meurt en 1862 et Louis-Joseph Papineau en 1871. À côté de son père, celui-ci prend sa place dans la bien jolie chapelle de Monte-Bello, qu'il a fait construire derrière le manoir. Les uns après les autres, on y enterrera les membres de la famille, jusqu'au moment où *Héritage-Canada* en fera l'achat.

42.   Dont l'original est à la Collection Melsack, à l'Université de Montréal. On en a fixé la valeur à $7,000 ; ce qui indique l'importance qu'on lui accorde.

Par ailleurs, on trouve aux Archives de la province de Québec (no 852), la proclamation de Lord Gosford lancée contre Louis-Joseph Papineau le 1er décembre 1837. Le secrétaire de la Province offre une récompense de mille livres, à qui fournira des renseignements permettant de l'appréhender. On en trouve le texte dans le *Bulletin des Recherches Historiques*, ce précieux recueil de documents de toutes sortes que l'on doit à l'infatigable chercheur qu'était Pierre-Georges Roy.

43.   Dans *Cahiers des Dix* (numéro 16). Lettres d'un exilé. P. 66.

44.   Il se rend à Albany, à Schenectady, à Buffalo et à Philadelphie, avant de partir pour la France. La partie est bien perdue car la France ne s'intéresse pas au Canada à cause de l'Angleterre avec laquelle Louis-Philippe et, plus tard, Napoléon III désirent rester en bon terme. Elle lui préférera le Mexique, où l'expédition Bazaine finira en queue de poisson, à la grande désolation de Charlotte et de Maximilien ; elle en perdra la raison et, lui, la tête, aux mains des Mexicains déchaînés. Ceux-ci viendront à bout de l'armée française avec l'aide, semble-t-il, d'un mal qu'on connaîtra plus tard sous le nom de *tourista* quand les touristes américains viendront à la rescousse des finances du pays en apportant leurs dollars et leur curiosité.

45.   *La vie sociale du « grand Papineau »*. Dans la Revue d'histoire de l'Amérique française. Vol. XI, p. 505.

46.   Il faut lire à ce sujet le *Journal* d'Amédée Papineau, dont la Collection Gagnon à la Bibliothèque municipale a un exemplaire dactylographié. Voici comment il y raconte la scène (p. 143 et 144. Vol. I) :

« Ma tante Dessaulles me presse encore de partir pour les États-Unis et voyant les patriotes dispersés et vaincus, il fallut y consentir. Elle pria M. Prince, directeur du Collège, de venir chez elle, ce qu'il fit aussitôt. Se consulta avec lui, pendant près d'une heure et, après l'adoption de la réjection de plusieurs plans, ils s'arrêtèrent à celui-ci. Je partirai aussitôt avec son neveu, mon ami Joël Prince, pour Saint-Grégoire où réside leur famille. De là, je me rendrai aux États-Unis par les Townships de l'Est. Je me déguisai en écolier, capot bleu à rainures blanches et ceinture et je mis tout ce que je voulais emporter d'effets dans mon sac de voyage. Vers dix heures, Prince vint chez ma tante et, après avoir pris un bon repas et avoir mis des vivres dans nos malles, nous montâmes en petite charrette et nous nous dirigeâmes vers Saint-Denis pendant une lieue. Ainsi, « l'homme exilé du champ de ses aïeux part avant que l'aurore ait éclairé les cieux ». Lamartine, *Mort de Socrate*.

47. Voir *l'Histoire du Séminaire de Saint-Hyacinthe*, par le Chanoine Choquette.

48. Mme F.L. Béique. *Ibid.* P. 111. « Comme il était connu, note-t-elle que Mme Dessaulles était en relations étroites avec les chefs des insurgés, elle avait à faire face seule à des visites domiciliaires, renouvelées à chaque instant. Sitôt qu'un patriote était signalé dans la région, la force armée arrivait chez elle et une fois même un canon fût braqué sur la maison. » Une autre fois, un officier entra son sabre dans le lit, où la légende familiale veut qu'un réfugié ait été sous l'édredon.

49. Lettre de Monseigneur Bourget à M. Prince.

50. Lettre adressée au curé de Saint-Marc, le 28 novembre 1837.

51. P. 409. Mgr Choquette plaide ici la cause de son collège et de sa neutralité, imposée par un évêque qui a pris une attitude rigide (Mgr Lartigue) et par son coadjuteur qui lui a succédé. Il ne veut pas qu'on en doute. L'attitude de la direction que Mgr Choquette présente dans son livre est sans doute exacte. Il ne pouvait pas en être autrement à ce niveau. D'un autre côté, dans *Un Bourgeois d'une époque révolue : Victor Morin,* Mlle Renée Morin nous apporte un autre son de cloche, en évoquant ainsi les souvenirs de collège de son père. « Il y avait au Collège de St-Hyacinthe une tradition « libérale » qu'on ne cachait point. Les vieux professeurs se rappelaient l'époque des troubles de 37, tous avaient été favorables à la cause des patriotes. Ils mentionnaient avec orgueil que les fils de Louis-Joseph Papineau avaient fréquenté l'institution. Après la répression de la Rébellion, les troupes anglaises avaient bivouaqué au collège ; la légende (démentie d'ailleurs par des témoins dignes de foi) voulait que pendant ce temps Papineau dont la tête avait été mise à prix dormait tranquillement caché dans les combles ! De toute façon, les autorités du Collège avaient réservé dans la cour des récréations, un « coin des patriotes » ; les élèves en diverses occasions, accomplissaient des cérémonies solennelles à la mémoire des morts pour la cause de l'affranchissement du

peuple canadien. » L'on était alors en 1876, mais M. Morin — futur historien — ne pouvait pas avoir inventé cela de toutes pièces.

Peut-être Mgr Choquette eût-il agi autrement si l'insurrection avait été à l'avantage de ceux qu'on a pendus haut et court, qu'on a expédiés aux Bermudes — où on les a reçus assez froidement, mais bien — ou encore en Australie où la réception a été plus que froide, les pauvres gens venus de la colonie lointaine n'étant pas marqués au fer rouge, comme les bagnards, mais peints d'une marque infamante, comme le seront les Juifs sous le régime nazi, bien longtemps après. Qu'on ne se voile pas la face, ce sont les braves gens de l'Australie — sujets anglais — qui insistèrent pour que les rebelles du Bas-Canada fussent enduits de peinture, afin qu'on les reconnaisse. Cela se passait un siècle plus tôt qu'en Hitlérie, il est vrai.

52. Dans un de ses articles au *Devoir*, Fadette rappelle l'existence d'une malle qui, chez ses parents, contenait les vieilles lettres de famille. Fadette était la fille de Georges-Casimir, le fils cadet de la seigneuresse de Saint-Hyacinthe. Grâce à son cousin, Henri Bourassa, elle fut attachée au journal qui, chaque semaine, faisait paraître une de ses chroniques. Lettres de Fadette, XLIII. À la Collection Gagnon, Bibliothèque Municipale de Montréal.

53. Rapport de l'Archiviste de la province de Québec 1951-58 et 1958-59.

54. Pierre Beaulac et Édouard Fabre-Surveyer, dans le *Centenaire du Barreau de Montréal* (1949). P. 40.

55. On trouve le texte de cette lettre dans les *Écrits du Canada français* de 1974, numéro 39, p. 223.

56. Loi qui décide la suppression du régime seigneurial et qui charge des commissaires de déterminer la valeur des seigneuries, à l'exception de celles qui appartiennent au clergé.

57. Certaines années, les rentrées sont bien difficiles. Ainsi, à certains moments, Jean Dessaulles lui-même a dû poursuivre et faire vendre terres et meubles pour qu'on prenne ses créances au sérieux. De 1821 à 1825, par exemple, on a la trace de sept poursuites intentées par le seigneur (State Records. Archives fédérales. R6.4. B17).

58. Les pièces en circulation sont très nombreuses, avant qu'on adopte le système décimal ; certains contrats sont même libellés en

francs. Le dollar aura force de loi à partir de 1858. Voir *Canada and its Provinces*. Vol. V. P. 276.

On crée une monnaie nouvelle lorsqu'on décide de faire bloc avec les voisins du sud, en tournant le dos à la *pound sterling*, qui compliquait beaucoup les échanges avec les États-Unis. Déjà, un rapprochement s'était fait au niveau du commerce par des ententes de réciprocité qui durèrent de 1854 à 1866. La nouvelle monnaie était une autre étape destinée à faciliter les relations commerciales en Amérique du Nord.

59. Ce sont elles sans doute qui ont fait élever la stèle qui, dans le cimetière de Saint-Hyacinthe, derrière l'église des Dominicains, rappela longtemps le souvenir de Louis Dulongpré. C'est la seule explication plausible du fait que le texte ait été en anglais.

C'est le 9 mai 1843 que Marie-Rosalie Dessaulles annonce à son frère Louis-Joseph, à Paris : « Nous venons de perdre notre vieil ami qui disparaît à l'âge de 89 ans ». On sent qu'elle lui était très attachée.

60. Ces certificats du bureau d'enregistrement sont de précieux documents, car ils résument souvent l'évolution des titres de la propriété à travers les ans. C'est le cas de celui que nous étudions ici.

61. Cadastre abrégé de la seigneurie de Dessaulles-propre (1859) Vol. II-1863. Chez Stewart, Derbishire or George Desbarats. La seigneurie initiale a été divisée, comme on l'a vu, en trois parties, en 1852.

62. *Ibid*. P. 51. 1861. Rapport des Commissaires-réviseurs.

63. Un certificat du bureau d'enregistrement du comté de Saint-Hyacinthe énumère les obligations et les titres qui s'appliquent dans le cas de la seigneurie initiale, en date de 1847. L'énumération est longue. Aussi, nous contenterons-nous d'y référer le lecteur curieux des charges pesant lourdement sur certaines seigneuries. Il s'agit du document des Archives du Canada, MG24B4 Vol. VII. On y trouve des engagements remontant jusqu'à Jean Dessaulles, à titre d'héritier de son cousin Delorme, en passant par la seigneuresse Dessaulles et son fils Louis-Antoine.

64. Notes du Chanoine P.A. Saint-Pierre, professeur au Collège de Saint-Hyacinthe. Archives du Séminaires. P. 22.

Au marché central, une fontaine de marbre rappelle le souvenir du nouveau propriétaire, avec l'inscription suivante : « In beloved memory of Robert Jones, late seignior of the Seigniory of

Dessaulles Propre ». Cruel, le temps a presque entièrement effacé l'éloge du défunt qu'une boîte aux lettres rend encore plus difficile à lire.

65. Le Pays.

66. Fonds Papineau-Dessaulles au Musée McCord.

67. Lettre adressée à Monseigneur Bourget, le 31 juillet 1872. À un moment donné, parmi les tyrans de l'Europe, il range le Pape avec « l'infâme bourreau de la Hongrie », l'Empereur d'Autriche, « l'infâme bourreau de la Pologne et de la Cirtatie » et le Tsar de toutes les Russies. Cité par le père T. Hudon, s.j., dans *l'Institut Canadien et l'Affaire Guibord*. Chez Beauchemin (1938). P. 92.

68. Né en 1810, l'abbé Joseph-Sabin Raymond a été supérieur du séminaire de Saint-Hyacinthe de 1847 à 1853 et de 1859 à 1883.

Au cours d'un voyage en France, il s'enthousiasma pour les idées et la philosophie de La Mennais. Il lui écrivit une longue lettre, vers la fin de 1833 ou le début de 1834, dans laquelle il exprime son admiration. Même si la copie qu'on en a gardée n'est pas datée et n'est pas signée, le père J. Antonin Plourde la lui attribue, en tenant compte du style et de l'enthousiasme qu'il montre dès cette époque pour la philosophie mennaisienne. Il est cependant le premier à se soumettre, comme le signale l'auteur des « *Dominicains au Canada* », quand Grégoire XVI condamne « *Les Paroles d'un croyant* ». Enthousiaste, l'abbé Raymond n'a pas un équilibre très sûr, s'il faut en croire le libraire Fabre, dont le fils — futur évêque de Montréal — fait des études complémentaires au Séminaire d'Issy, après avoir terminé son cours à Saint-Hyacinthe. Il écrit ceci à son fils Édouard-Charles, par exemple : « J'aime beaucoup Monsieur Raymond, c'est un homme très aimable, poli, etc. mais je n'ai aucune confiance dans son jugement, malgré sa soutane. »

C'est une opinion qui doit paraître à la fois brutale et injuste au fils qui respecte son maître. Il nous éclaire, cependant, sur l'homme qui a admiré La Mennais, qui, plus tard, l'a renié, et qui combattra son disciple canadien, Louis-Antoine Dessaulles. Celui-ci exprime également ses opinions sans aucune modération, avec une violence qui indique plus de conviction qu'un jugement valable. Un jour, le supérieur Raymond et lui rompent des lances au sujet de la guerre des Albigeois. Louis-Antoine Dessaulles n'hésite pas à écrire dans *Le Pays* du 17 mars 1867 : « Je dis donc à M. le supérieur : je suis prêt à démontrer que toute cette longue dissertation sur la guerre des Albigeois que vous avez reproduite, n'est qu'une audacieuse falsification de l'histoire vraie ». Comme on le voit, dans ses échanges de vues avec ses vieux maîtres du Séminaire, le polémiste Dessaulles n'y allait pas avec le dos de la cuillère.

Dans sa lettre qu'il a adressée à La Mennais vers 1833, l'abbé Raymond s'écrie : « Pardonnez à un jeune homme inconnu, étranger et obscur la témérité qu'il se permet en osant vous écrire, mais il cède à un désir qui l'anime depuis longtemps, celui de vous exprimer les sentiments de son admiration et de faire connaître la part qu'il prend à défendre les doctrines que vous avez si éloquemment publiées. C'est des bords opposés de l'océan que vous vient ce témoignage. Votre nom a retenti depuis longtemps en Amérique et là-aussi des esprits avides de foi ont reçu avec joie les principes qui établissent les croyances catholiques sur leur vraie base ».

Parmi ces esprits avides de foi, il y a Mgr Jean-Jacques Lartigue de Montréal et, parmi les enseignants, les abbés Jean-Charles Prince, Joseph La Rocque, Isaac L. Désaulniers et Joseph-Sabin Raymond de Saint-Hyacinthe. Il y a aussi Charles François Painchaud et Étienne Chartier de Sainte-Anne-de-la-Pocatière. À ce sujet, le père Plourde note ceci dans un renvoi (p. 59) : Mgr Lartigue écrivait en 1837 : « Si l'on avait des livres élémentaires en nombre suffisant pour enseigner la philosophie de La Mennais, je l'introduirais volontiers ». La condamnation de Rome coupe court aux enseignements mennaisiens.

Malgré le recul, il est un peu difficile de prendre partie ; d'ailleurs, est-il nécessaire de le faire ? On serait bien mal renseigné et l'on ne comprendrait pas si l'on ne se rappelait l'influence prépondérante du Pape dans le Bas-Canada sous l'inspiration d'un homme comme Mgr Ignace Bourget. Pour lui, lorsque le Souverain Pontife s'était prononcé, il n'y avait qu'à s'incliner.

69. Rapports de l'archiviste de la province de Québec — 1957-1958 et 1958-1959. P. 152.

70. Dans un livre consacré à la biographie de quelques hommes politiques en vue (*Portraits et pastels littéraires*), Jean Piquefort le décrit assez méchamment. Derrière le pseudonyme se cache un homme qui a la dent dure contre ce libéral d'esprit, avant que Wilfrid Laurier n'arrive au pouvoir. En fait, Piquefort c'est celui qui, plus tard, sera connu sous le nom de sir Adolphe-Basile Routhier.

Adolphe-Basile Routhier est devenu *Knight Bachelor* en 1911, à une époque où la Métropole pouvait encore donner des titres à ses fils d'outre-mer qui avaient bien mérité. Avocat, puis juge de la Cour supérieure en 1873, il en devint le juge en chef en 1904.

Journaliste à ses heures, puis écrivain, il a laissé une œuvre, bien diverse, allant des écrits de Jean Piquefort, où il donnait libre cours à sa hargne contre Louis-Antoine Dessaulles et bien d'autres, à des récits de voyage. Il a écrit aussi des romans qui comme la plupart, n'ont pas résisté au temps. Dans *Mon Encrier*, Jules Fournier s'est moqué cruellement de M. Routhier qui, pour lui, représentait ce qu'une littérature sclérosée avait produit de plus ampoulé et de plus inintéressant.

71.   Que je tiens de Mgr Beauregard du Collège de Saint-Hyacinthe.

72.   *Idéologies au Canada français* : Louis-Antoine Dessaulles. X-2-3. 1969. Aux Presses de l'Université Laval. Dans son étude, Mme Christine Piette-Samson a retracé les luttes livrées par L.A. Dessaulles autour de l'idée de liberté : liberté de penser, de lire, d'écrire, de pratiquer la religion que l'on désire ou de n'en pas pratiquer du tout ; liberté physique aussi. Elle conclut ainsi : « Les libéraux ne remporteront pas la lutte, mais le courage et la qualité de cette tentative de libération effectuée par Louis-Antoine Dessaulles lui méritent une place de choix dans notre histoire ». C'est un témoignage à verser au dossier de l'homme et de l'écrivain.

73.   Petit-fils de loyaliste, venu s'établir dans la seigneurie de Tarieu de Lanaudière au Bas-Canada, Oscar Dunn est un exemple de l'adaptation d'une famille écossaise dans un pays nouveau. Son père épousa une Canadienne à Coteau-du-Lac, ce qui fut pour la famille l'orientation vers le milieu francophone. Oscar Dunn fit ses études au collège de Saint-Hyacinthe, puis devint le rédacteur du *Courrier de Saint-Hyacinthe*.

Après avoir tenté d'être élu dans le comté de Saint-Hyacinthe, il devint bibliothécaire de l'Instruction publique ; il fut un des membres fondateurs de la Société Royale du Canada et mourut en 1885, en laissant le souvenir d'un écrivain excellent, combatif aussi, qui ne craignit pas de s'opposer à Louis-Antoine Dessaulles aux moments les plus pénibles de l'Institut Canadien. Source : Père LeJeune. Dictionnaire général du Canada français. Vol. 1. Voir aussi l'excellente étude de Jean Bruchési, dans *Rappels*.

74. Chez A. Pédonne, Paris 1894. 280 pages. Fiche E9455. Bibliothèque Nationale, Paris. De son côté, Paul Théodore Vibert dédie à Louis Fréchette et à L.A. Dessaulles, « victime du clergé catholique canadien », son livre intitulé *La Nouvelle-France Catholique*. Bibliothèque Nationale, Paris. Fiche no N-7-3008.

75. Dans l'édition du Centenaire de *La Légende d'un peuple,* parue aux Éditions Beauchemin, on note ceci : « Cet épisode est absolument [*sic*] historique. »

Dans une chronologie précédant les *Mémoires intimes* de Louis Fréchette, Georges A. Klinck note ceci à propos des événements de 1870 en France et de leurs répercussions au Québec : « 1870-été. Fréchette fait un voyage au Canada pour revoir sa famille. À l'ouverture de la guerre franco-prussienne, Fréchette se joint aux bonnes gens de Saint-Roch qui montent en foule au consulat français pour réaffirmer leur loyauté à la mère-patrie ». Ce fut sans doute le point de départ de son poème qu'il intitula par la suite « Vive la France ».

La Légende d'un peuple, comme on sait, a été couronnée par l'Académie française en 1887.

Quant aux cinq excommuniés, un autre renvoi (31) en donne leurs noms et situe leur odyssée à Saint-Michel de Bellechasse, avec en filigrane l'évêque Briand qui prononcera l'anathème. Les deux poèmes de Louis Fréchette ont été réunis dans l'édition du Centenaire, en 1941, avec une préface de Louis Claretie et des illustrations de Henri Julien.

76. Le nombre de ses écrits, avant 1875, est assez grand. Il faut le noter ici. Comme il a été journaliste pendant un quart de siècle, on les trouve surtout dans les journaux auxquels il a collaboré à son retour d'Europe, après 1843, jusqu'au moment où il quitte le Canada pour aller vivre à Bruxelles, en 1875. Il faut chercher sa pensée écrite dans *L'Avenir* d'abord, puis dans *Le Pays*. C'est là qu'en 1862 et 1863, il réclame la liberté à grands cris, en même temps qu'il proteste vigoureusement contre ceux qui la briment. Mme Christine Piette-Samson a retracé, durant ces deux années en particulier, sa campagne en faveur de la liberté de l'homme face à ceux qui l'oppriment : clergé et laïcs qui abusent de leur pouvoir. Elle se réfère, en particulier, à des textes parus dans *Le Pays,* le 11 mars, le 1er juillet, le 1er et le 27 décembre 1862, puis le 28 novembre, le 1er et le 31 décembre 1863. À cela, il faudrait

ajouter ceux qu'il a donnés antérieurement à *L'Avenir* et les articles de polémique qu'il échange avec certains collaborateurs du *Courrier de Saint-Hyacinthe*, et surtout, l'abbé Joseph-Sabin Raymond et Oscar Dunn, dont il a été question précédemment. Et puis, ces textes qu'il fait paraître dans l'*Annuaire de l'Institut Canadien*, en 1866, pour se réjouir du succès de l'Institut qui vient de s'installer rue Notre-Dame dans un immeuble nouveau. C'est alors le moment le plus fécond de son histoire. Si Monseigneur Bourget, appuyé par les évêques du Bas-Canada, fait des observations à peine voilées à ce moment-là sur l'œuvre que l'Institut accomplit, ce n'est qu'une mise en garde ; l'évêque n'est pas encore déchaîné, comme il le sera trois ans plus tard, quand il prononcera l'anathème. L'Institut, à ce moment-là, a 6,500 livres, dont 1,200 canadiens et américains (livres, documents, etc.) ; il reçoit 69 journaux et revues et possède aussi 4,653 gravures et photographies, apportées de France par le Prince Napoléon, venu présenter le salut de la France à l'Institut. Si celui-ci l'accueille à bras ouverts, comme l'on sait Monseigneur Bourget lui ferme sa porte, tandis que l'Université Laval la lui ouvre. Le Prince avait osé se prononcer contre le pouvoir temporel du Pape et, lors de son voyage au Canada, pour l'Institut — bête noire de l'évêque. L'Institut constituait un centre de documentation intéressant, que l'évêque détruira sans pitié, au nom de la morale, en faisant mettre l'*Annuaire de 1868* à l'index et en excommuniant les membres de l'Institut qui ne l'avaient pas quitté. Louis-Antoine Dessaulles prononce le discours d'inauguration de l'Institut en 1866, au moment où il déménage dans un nouvel immeuble rue Notre-Dame. Il écrit avec fermeté, sans ces éclats qui lui sont familiers : « Comme toutes les associations du même genre, nous avons eu nos difficultés, nos dangers, nos luttes. Ces épreuves semblent avoir considérablement diminué aujourd'hui. Le préjugé soulevé contre l'Institut et nourri avec habileté pendant quelques années par hostilité politique, disparaît à mesure que les faits sont mieux connus. Le public commence à admettre que dans une association d'hommes faits il faut une certaine latitude de travail et de pensée. Le système du collège, bon là où il existe, n'est plus applicable ici et nous ne pouvons en accepter l'imposition. À des esprits formés, ou qui ont à se former définitivement aux affaires publiques ou à la pratique d'une profession, et qui sont lancées dans le courant des affaires humaines, il faut autre chose que l'uniformité calculée de règles rigoureuses préparées pour des enfants qui ont réellement besoin de direction. On ne peut former d'hommes instruits et capables si l'on passe le niveau sur les intelligences de manière à forcer celles qui peuvent prendre le plus d'essor à se maintenir dans la sphère des moins favorisées.

« Il est une certaine direction qui développe le talent et l'intelligence : à celle-là nous n'avons jamais été hostiles. Il est une autre direction qui étouffe le talent et nuit à l'acquisition des connaissances et de l'instruction, celle qui circonscrit à tout propos le libre arbitre moral : celle qui, dans les choses purement temporelles, et même purement politiques, dénonce comme mauvais et dangereux tout livre qui n'est pas conçu dans un certain ordre d'idées restreint, tout livre qui n'est pas écrit au point de vue du vieux droit divin, de l'idée monarchique, du principe faux et absurde que les peuples ne sont pas faits pour se gouverner eux-mêmes. »

Soudain, l'anticlérical montre l'oreille. Plus tard, après la mise à l'index de l'*Annuaire de 1868*, il protestera davantage. La mesure était très dure, il est vrai, mais la défense de Louis-Antoine Dessaulles était raisonnable. Il suffit de lire sa conclusion dans l'*Annuaire* pour s'en rendre compte. Dans celui de 1869, il proteste encore vigoureusement contre l'attitude du clergé et de son vieil antagoniste dans l'Affaire Guibord, déclenchée après la mort de Joseph Guibord qu'on ne veut pas enterrer en terre sainte. Le 29 décembre, dans une conférence prononcée à l'Institut, Dessaulles proteste avec vigueur à nouveau et non sans à-propos. Qu'on en juge par ceci : « Quand le meurtrier Beauregard fut jugé digne de la sépulture ecclésiastique, malgré ses crimes, parce qu'il s'était confessé avant d'être pendu, il y eut un peu de scandale parmi les fidèles. On trouvait que c'était aller un peu loin : de faire l'espèce d'apothéose que nous avons vue ; et l'on trouvait aussi que l'indulgence avait été poussée bien loin vis-à-vis de cet épouvantable criminel qui avait commis bien d'autres meurtres que celui qui a terminé sa carrière d'infamie. Qu'est-ce qu'on nous a dit quand on lui accorda la sépulture chrétienne avec service chanté ? Le voici : « Pourquoi jugeriez-vous Beauregard ? Dieu seul a ce droit. Ne pouvez-vous pas croire que Dieu lui a peut-être pardonné puisqu'il a donné des signes de repentir ? L'Église est une bonne mère qui ne repousse personne ».

« Ce langage a tranquillisé bien des esprits. La même chose a eu lieu à l'égard de Barreau. Eh bien, si nous ne devons pas juger même des assassins notoires, comment peut-on, en justice et en raison, essayer de faire croire à la population que l'honnête Guibord n'a pas dû trouver grâce devant le souverain juge ? Pourquoi jeter le discrédit sur la mémoire de l'homme généralement estimé, après avoir réclamé l'indulgence en faveur du criminel qui est monté à l'échafaud ? Messieurs, il y a autre chose ici que l'esprit de la religion. On a juré d'écraser l'Institut. Pour cela on n'a reculé devant aucun moyen : intrigues et calomnies à Rome, et ici injures brutales à pleines colonnes du *Nouveau-Monde*, et surtout faussetés odieuses imperturbablement affirmées à un public auquel on défend, de par la religion, de lire la défense des calomnies quand ils osent s'en permettre une. »

La citation est longue. Elle résume, je crois, l'opinion de ceux qui vivent difficilement dans l'atmosphère pénible du Canada français et, avec les contraintes qu'on veut imposer à ceux qui cherchent à vivre hors de l'Église. La citation suffit à démontrer comme Louis-Antoine Dessaulles, de son côté, est malheureux. Excessif, il étouffe et ne peut se retenir de le clamer.

Toute son œuvre est orientée contre un carcan qu'il veut briser, mais sans y parvenir. La voici exprimée par des années et des titres qui sont autant de jalons dans sa lutte pour l'indépendance politique, religieuse ou intellectuelle, jusqu'au moment où il quitte son milieu pour n'y plus revenir :

1848 — Papineau et Nelson, blanc et noir... et la lumière fut faite. Montréal, aux Presses de l'Avenir, 1848. 83 pages.

1851 — Six lectures sur l'annexion du Canada aux États-Unis. Montréal. Imprimerie P. Gendron, 1851. 199 pages.

1857 — À messieurs les électeurs de la division de Rougemont. L.A. Dessaulles traite des questions politiques du temps. 66 pages.

1865 — La guerre américaine, son origine et ses vraies causes. Montréal. Le Pays, 1865. 538 pages.

1866-68 — Divers discours parus dans *l'Annuaire* de l'Institut Canadien.

1869 — L'affaire Guibord. Conférence prononcée par Louis-Antoine Dessaulles, à l'Institut Canadien.

1877 — Dernière correspondance entre le cardinal Barnabo et l'Honorable M. Dessaulles. Montréal. Imprimerie Alphonse Doutre & Cie, 1971. 59 pages.

1873 — Réponse honnête à une circulaire assez peu chrétienne. Suite à la grande guerre ecclésiastique. Montréal. Alphonse Doutre. 1873. 32 pages.

1873 — L'Index — 2e partie.

1884 — Une longue lettre parue dans un journal canadien en février. Dessaulles y fait la critique de poèmes écrits par Napoléon Legendre et Pamphile Lemay. Dans une autre

lettre adressée à son ami Paul Vibert, il résume longuement son impression sur le clergé catholique et sur ses
abus.

1894 — Enfin, Louis-Antoine Dessaulles fait paraître son grand
ouvrage sur l'Église catholique, le mariage et le divorce qui
paraît chez l'Éditeur A. Pédone à Paris et qu'il intitule
*Les erreurs de l'Église en droit naturel et canonique sur le
mariage et le divorce.* Ce sera sa dernière œuvre.

77. Dans une lettre qu'il adresse à sa belle-sœur Fanny, le 3
juin 1885, il lui décrit ces inventions auxquelles son ami Dion et
lui s'intéressent. En voici la longue énumération :

« Mon cher et innocent Dion a deux fois refusé la porte à la fortune
et elle s'obstine à ne pas revenir. Pourtant, elle est battue sur un
point et le sera bientôt malgré tout sur deux autres.

« Comme Dion a 6 ou 7 choses différentes il faut qu'il en passe
malgré Madame Fortune. Comptons, pour l'éblouir, un peu de
nos richesses en perspective : 1. La bobine magnétique que les
premiers physiciens-électriciens de France ont déclarée être la
plus grande invention en électricité des quinze dernières années.
Pour celle-ci, c'est la faute de Dion si elle n'a pas marché. S'il était
allé aux États-Unis quand j'ai voulu l'y envoyer, nous serions
riches maintenant. 2. La lampe électrique à arc. Aucune n'en
approche pour la fixité. Quand nous aurons pu la faire dans des
conditions voulues elle battra toutes les autres (mais elle ne rentre
pas dans le système Edison). 3. L'accumulateur. C'est le meilleur
qui existe. On en a essayé un dernièrement tout aussi puissant, mais
comme il y entre du mercure il émet des émanations mercurielles
très dangereuses. Le nôtre n'en émet aucune. 4. La pile primaire.
Elle est plus durable que celles en usage aujourd'hui. Elle fonc-
tionne plus longtemps et ne se détruit pas à beaucoup près aussi
vite que les autres. (la pile primaire est celle qui génère l'électricité,
emmagasine l'électricité). 5. Le phonographe. Dion a considérablement perfectionné cet instrument inventé par Edison et qui
enregistre la voix humaine. Les sons sont très imparfaitement rendus
par le phonographe d'Edison. Dion les rend tels qu'ils sont reçus
par l'instrument. 6. L'application du diaphragme reproducteur
de la voix dans le phonographe aux pianos et aux violons. 7. L'application du même diaphragme au téléphone. Dans le premier cas
(no 6) le diaphragme est construit en proportion des dimensions
des instruments. Dans le second (no 7) il est à peu près de la même
grandeur que dans le phonographe. Il amplifie considérablement
les sons et, il est absolument certain qu'appliqué au téléphone

on parlera aussi loin que l'on voudra, 500 lieues et bien au-delà peut-être. 8. Une nouvelle bobine magnétique appliquée au téléphone. Voilà ce qui est fait en tant qu'invention, et voici ce qui est fait comme affaire, etc. » Extrait d'une lettre adressée par L.A. Dessaulles à sa belle-sœur Fanny et datée de l'Hôtel de la Côte Nord, rue des Moulins, 3 juin 1885. Musée McCord.

78.   Mme Pierre Casgrain rappelle le fait dans son livre : *Une femme chez les hommes,* paru aux *Éditions du Jour* en 1971.

79.   En collaboration avec son collègue, le juge Philippe Pothier.

80.   Je remercie ici tous ceux qui m'ont accordé leur aide : Mgr Beauregard, bibliothécaire du Collège de Saint-Hyacinthe et son directeur, Mme Jean Raymond, M. Raymond Denault, Mlle Anne Bourassa, M. Benoît Benoît, M. Jacques Fiset, le juge Philippe Pothier, le père J. Antonin Plourde, le notaire Giard, les services des Archives provinciales et fédérales à qui on ne s'adresse jamais en vain et Mme Miller du Musée McCord. Et puis, M. Jean Trudel de la Galerie Nationale à Ottawa et M. Guy Dessaulles, p.s.s. Et enfin, cette providence des historiens du dimanche : M. Jean-Jacques Lefebvre dont on ne dira jamais trop la grande bienveillance et l'érudition. Il ne faudrait pas oublier M. Lucien Lefrançois qui a patiemment reconstitué l'entreprise ferroviaire dans laquelle Louis-Antoine Dessaulles s'était imprudemment engagé.

Commentaires des illustrations

1. Le chevalier François-Pierre Rigaud de Vaudreuil fut le premier seigneur de Maska, pour peu de temps. Pris par d'autres soucis, il ne tarda pas à vendre le domaine à Jacques-Hyacinthe-Simon de l'Orme. Après la conquête, il retourna en France avec son frère, le marquis de Vaudreuil-Cavagnial.

Dans l'état actuel de l'iconographie au Canada, il est difficile de préciser si cette peinture représente bien François-Pierre Rigaud de Vaudreuil ou son frère, le dernier gouverneur du Canada, Vaudreuil-Cavagnial. Dans son livre sur le *Grand Marquis,* Guy Frégault mentionne deux portraits des Vaudreuil du Canada. L'un d'eux est censé être celui de M. de Rigaud, vieilli et abondamment décoré. Doit-on cependant mettre de côté celui que nous présentons ici ? Nous le reproduisons avec toutes les réserves voulues.

Source : Photo Armour Landry.

2. Jacques-Hyacinthe-Simon de l'Orme fut le deuxième seigneur de Maska. On le considère comme le fondateur de Saint-Hyacinthe. Il se porta acquéreur de la seigneurie de Saint-Hyacinthe en 1753, au moment où le chevalier Rigaud de Vaudreuil la lui céda à une époque où il était attiré par bien d'autres causes que celles de ses censitaires.

À sa mort, Hyacinthe-Marie, son fils, lui succéda. Il mourut à l'âge de trente ans, après avoir fait son héritier de son cousin Jean Dessaulles. Un très joli monument rappelle, à Saint-Hyacinthe, le souvenir du deuxième seigneur dans un petit square auquel on a donné un prestige qu'il n'aurait pas autrement.

Source : Photo Jacques Fiset.

3. De Jean Dessaulles, on a deux portraits : l'un est une miniature qui le représente en officier de sa Majesté le roi d'Angleterre, l'autre en bourgeois cossu, arrivé, seigneur de Maska, membre du Conseil législatif et protecteur du collège fondé par son ami le curé Antoine Girouard. Par la suite, le séminaire devait être une extraordinaire pépinière d'hommes en vue, de personnages de premier plan dans le domaine de l'action politique et de l'esprit.

Le portrait est de Louis Dulongpré. Il se trouve à la Galerie nationale qui l'a acquis en 1974.

Source : photo de la Galerie nationale du Canada, reprise par Armour Landry.

4. À ma connaissance, il y a trois versions du manoir des Dessaulles à Saint-Hyacinthe : celle qu'a présentée Madame F.-L. Béique, dans *Quatre-vingts ans de souvenirs* ; celle qu'on aperçoit dans un dessin assez fruste de H. Perrault reproduit dans le *Journal de Fadette*. Le dessin représente le marché au premier plan et, à l'arrière, le manoir. Il y a, enfin, la version reconstituée par les soins de la Société d'histoire de Saint-Hyacinthe, plus précise, mais peut-être moins plausible. C'est cette dernière que l'on a reproduite ici, même si la première nous paraît la meilleure et celle qui se rapproche le plus du dessin fait en 1837 par Perrault. Elle donne une idée assez précise de ce que pouvait être cette maison de pierre construite en 1798 et qui fut démolie en 1876 pour faire place au parc Dessaulles.

Source : Photo Jacques Fiset.

5. On possède trois portraits de Marie-Rosalie Dessaulles, fille cadette de Joseph Papineau. L'un la représente jeune fille au teint frais, qui tient une rose à la main. Elle est jolie et gracieuse ; elle est gaie aussi. Ainsi, un jour son frère Louis-Joseph lui écrit : « Il me serait nécessaire que je te visse, afin que tu me fasses rire avec tes folles gaietés. » Si la phrase est un peu guindée, elle confirme que sa sœur était souriante, aimable. On la présente ici dans ce qui semble être la reproduction d'un fusain.

Source : Photo Notman.

6. Voilà une Marie-Rosalie Dessaulles un peu inattendue. C'est la femme au grand cœur, qui reçoit les miséreux dans son manoir de Saint-Hyacinthe ou qui offre de la confiture pour faire passer un médicament au goût âpre. C'est aussi la femme décidée, celle qui, au moment du Soulèvement de 1837, est prête à agir pour mettre

son frère, son neveu ou son fils à l'abri de l'autre côté de la frontière. C'est celle aussi qui se cabrera devant l'officier qui vient loger dans son manoir avec sa maîtresse. C'est, enfin, celle qui défend ses billots contre les voisins chapardeurs.

La peinture est de Dulongpré, croit-on. Elle appartient à Madame Jean Raymond, qui l'aime parce qu'elle représente l'ancêtre, femme bonne, accueillante, mais aussi énergique.

Source : Photo Armour Landry.

7.   Le troisième est une peinture de Louis Dulongpré. Pendant de nombreuses années, jusqu'en 1843, celui-ci habita chez la seigneuresse de Saint-Hyacinthe. Entre les deux œuvres, de nombreuses années ont passé. La seigneuresse a vieilli. Elle a cinquante ans, peut-être un peu plus ; mais les années pèsent lourd à cette époque, et elle ne s'est pas ménagée. Le peintre n'a pas voulu mentir à son modèle. Avec un peu de cruauté, il n'a pas corrigé des ans l'irréparable outrage ; mais comme il a bien rendu cette coiffe et ces dentelles qui corrigent la rigueur du costume et la raideur du maintien.

Source : Photo Notman.

8.   Un jour, entre 1805 et 1813 date de sa mort, William Von Berczy fait cette peinture de son ami Louis Dulongpré. Celui-ci est vêtu comme un homme de l'ancien régime, les cheveux dégageant le front et réunis derrière la tête par ce qu'on appelait une couette. Berczy était un excellent portraitiste, meilleur que son ami Dulongpré. Quelle grâce à ce jabot de dentelle et comme sont beaux et réguliers ces traits de l'homme un peu rêveur qui pose devant l'artiste.

Source : Musée de l'Université Laval à Québec. Photo de l'inventaire des Oeuvres d'art de Québec.

9.   À Saint-Hyacinthe, on a réuni en une photographie collective les maires qui se sont succédé depuis le début de la municipalité. Le premier est Louis-Antoine Dessaulles qui le fut de 1849 à 1856.

Jacques Fiset s'est amusé à extraire du groupe le dernier maître de la seigneurie dite Dessaulles-propre. Dans cette photographie, on retrouve l'homme décidé, intelligent, prêt à toutes les audaces, au facies assez dur, peut-être un peu illuminé, que fut le fougueux partisan de la liberté dans le milieu ultramontain où il vécut jusqu'à son départ pour la Belgique, puis pour la France.

Source : Photo Jacques Fiset.

10. Prise par l'auteur, cette photo représente la façade principale de la maison que Louis-Joseph Papineau fit construire dans sa seigneurie de Monte-Bello entre 1847 et 1849, à son retour de France. Elle a été modifiée par la suite mais, dans l'ensemble, elle est restée à peu près intacte. Le négatif n'indique pas, cependant, la tour où Louis-Joseph Papineau avait logé sa très abondante bibliothèque.

11. Le site est joli. On en peut juger par cette vue de l'Outaouais. À quelques pas de sa maison, Louis-Joseph Papineau pouvait contempler ce paysage au cours des longues promenades qu'il faisait dans son domaine. On a l'impression que rien n'a changé dans cette nature si sobre, si sereine.

12. À l'arrière de la maison de Louis-Joseph Papineau, à Monte-Bello, se trouve une chapelle que celui-ci fit construire pour recevoir la dépouille de son père plusieurs années après sa mort. Avec la permission des autorités religieuses, il y fit transporter le corps et apposer une plaque commémorative qui rappelle ce que fut Joseph Papineau, notaire, homme public, seigneur de la Petite-Nation. Bien qu'il eût cédé le domaine à son fils, dès 1817, il contribua à le développer avec un autre de ses fils, Denis-Benjamin, tant que, revenu de France en 1847, Louis-Joseph n'en prît la direction.

« Il n'est que juste que mon père soit entouré des siens dans un endroit où il a tant accompli », écrira Louis-Joseph Papineau au notaire Girouard quand, en 1855, il songea à y faire transporter le corps de l'aïeul.

13. Ce dessin est de Napoléon Bourassa. Il représente Rosalie Cherrier, mère de Marie-Rosalie Dessaulles et de Louis-Joseph Papineau. Comme est gracieux ce bonnet qui n'est pas pure fantaisie de l'artiste, mais coiffure de l'époque, à côté des coiffes de dentelle que l'on portait les jours d'apparat. Le bonnet encadre bien les traits fins de cette femme qui est, à la fois fille et épouse de notaire.

Avec son mari, elle habita la maison de l'ancêtre d'abord, rue Bonsecours à Montréal, puis la seigneurie de la Petite-Nation, dans une île de l'Outaouais à une époque où les bêtes de la forêt étaient à craindre, moins cependant que les Indiens qui, au XVIIe siècle, semèrent la mort à La Chine ou à Ville-Marie, tant qu'avec la plus grande férocité on ne les eût matés.

Napoléon Bourassa avait épousé une fille de Louis-Joseph Papineau. Il était peintre, mais aussi *lectureur*, comme on disait à l'époque. C'est dans une de ses conférences, intitulée *Nos grand-mères* et éditée à la librairie Saint-Joseph à Montréal, qu'on trouve ce dessin de sa grand-mère par alliance. Hector Fabre a connu Bourassa qui avait à se plaindre de la critique dont les propos tenaient soit de l'ignorance, soit de la politique plus que de la littérature. Voici ce qu'il en dit dans un de ses articles de la *Revue canadienne* en 1866 [1]. « Artiste, M. Bourassa essaie d'acclimater l'art dans une société trop jeune pour en sentir le besoin, trop affairée pour s'arrêter devant des tableaux. Je tente, bien imprudemment, de mon côté, d'être simplement homme de lettres, quand, pour avoir des rentes et pignon sur rue, il faut être avocat ou marchand, médecin ou courtier. Compagnons de fortune ou d'infortune dans un pays où l'art et les lettres sont sur un pied d'égalité dans le dénuement, nous sommes naturellement amis, et, à cause de cela même, c'était sans doute à moi qu'il appartenait d'analyser des œuvres où les sentiments intimes se font jour sans cesse, et de pénétrer le secret d'un talent où le cœur a tant de part. » Qu'en termes délicats ces choses étaient dites ! Il faut les rappeler même si on s'éloigne des Dessaulles par le biais des Papineau, venus, il est vrai, de la même souche.

---

1. *Revue canadienne*, vol. 3, déc. 1866, p. 729.

TABLE DES MATIÈRES

Achevé d'imprimer à Montréal par Les Presses Élite,
pour le compte des Éditions Fides,
le vingt-quatrième jour du mois de septembre de l'an
mil neuf cent soixante-seize.

Dépôt légal — 3e trimestre 1976
Bibliothèque nationale du Québec